# PRÉCIS HISTORIQUE

## DU VOYAGE

## ENTREPRIS PAR S. M. LOUIS XVI,

LE 21 JUIN 1791;

DE L'ARRESTATION DE LA FAMILLE ROYALE A VARENNES,

ET DE SON RETOUR A PARIS.

# PRÉCIS HISTORIQUE

## DU VOYAGE

## ENTREPRIS PAR S. M. LOUIS XVI,

LE 21 JUIN 1791;

DE L'ARRESTATION DE LA FAMILLE ROYALE A VARENNES,

ET DE SON RETOUR A PARIS.

PAR LE COMTE DE VALORI.



A PARIS,

CHEZ L. G. MICHAUD, IMPRIMEUR DU ROI,

RUE DES BONS-ENFANTS, N°. 34.

M. DCCC. XV.

# PRÉCIS HISTORIQUE

*Du voyage entrepris par Sa Majesté Louis XVI, le 21 juin 1791 ; de l'arrestation de la famille royale à Varennes, et de son retour à Paris.*

---

Le comte François-Florent de Valori, témoin et acteur, jusque dans les moindres détails, de l'épisode mémorable du voyage du Roi, a constamment souffert de l'infidélité avec laquelle tous les écrivains du temps l'ont raconté au public. Les uns, par ignorance et précipitation, ont altéré les faits ; les autres, par une perfidie calculée d'après les intentions des meneurs de la révolution, les ont dénaturés, ils les ont même salis par des mensonges impurs, qui sont pourtant demeurés comme des faits constants dans le souvenir d'un grand nombre de Français.

Avant la restauration, qu'était-il besoin de mettre la vérité en évidence? Le comte de Valori, dont la faible mémoire en était en France l'unique dépositaire, puisque M. de Moutier et

M. le chevalier de Malden n'y étaient point rentrés, aurait-il pu trouver un seul imprimeur qui se fût exposé à prêter une presse à ses récits? Tout était danger pour les moindres coopérateurs des œuvres entachées de royalisme. Une obscure et farouche surveillance, exercée en chaque lieu, glaçait jusqu'à la pensée, enchaînait des liens de la terreur toutes les plumes religieusement véridiques, et les cœurs chauds et sensibles des vrais amis du trône et des Bourbons étaient réduits à conserver en silence le feu sacré que devait enfin appeler à une libre et heureuse explosion la présence de Louis-le-Désiré.

Aujourd'hui ce bonheur est accompli. Le comte de Valori peut mettre sous les yeux de la France un récit simple, que réclament les sincères amis de la vérité; et il la leur eût offert quelques mois plus tôt, si ses devoirs militaires n'eussent exigé, depuis la restauration, le sacrifice de toutes ses heures (1). Mais il ne se dissimule pas qu'un soldat tel que lui, plus savant à chérir les princes qu'habile à écrire des pages pour l'histoire, ne présentera que bien imparfaitement à celle-ci ce qui lui appartient de droit dans l'épisode aussi important que douloureux dont il s'agit. Il supplie donc ses lecteurs de n'envisager que les faits, et de lui savoir quelque gré, à raison de ce qu'il en coûte à son cœur d'endurer le renouvellement de tant de sensations, qui ne l'abordent jamais sans le déchirer encore!

Le projet du départ de Paris de l'infortuné Louis XVI, fut confié par S. M. même à M. le comte d'Agoult, qui, jusqu'au licenciement des gardes-du-corps, opéré après les atroces journées des 5 et 6 octobre 1789, avait été aide-major de cour. Il possédait et avait mérité l'estime particulière de son souverain, et ce fut à lui que S. M. s'en rapporta pour le choix de trois coopérateurs, indispensables au voyage qu'on allait entreprendre. En conséquence, M. le comte d'Agoult fit l'honneur à MM. de Valori, de Moutier et de Malden, gardes-du-corps licenciés depuis le 5 octobre 1789, de présumer assez bien d'eux pour les croire dignes de recevoir la proposition de se dévouer à risquer les périls que pourraient entraîner à leur égard l'évasion et le voyage du roi avec son auguste famille.

Ces trois messieurs protestèrent au même instant de leur fidélité au meilleur des Maîtres, de leur zèle à tout risquer, s'il le fallait, pour le lui prouver, et ils se sentirent heureux d'avoir une occasion nouvelle (2) de lui offrir peut-être le sacrifice de leur vie. Alors M. le comte d'Agoult soumit au Roi les choix qu'il venait de faire, et S. M., daignant les approuver, accepta les services de ces messieurs.

Ceci se passa trois jours avant l'époque fixée pour le départ.

Aussitôt MM. de Valori, de Moutier, de Malden, reçurent quelques ordres concernant les différentes missions de détail dont chacun d'eux allait être chargé. Leur costume de route leur fut indiqué, afin qu'ils s'en pourvussent ; les moyens de s'introduire chez le roi et chez la reine, à l'heure convenable, leur furent assignés ; des signaux d'intelligence furent concertés. Le comte de Valori devait pénétrer, pour conférer avec la reine, par les couloirs qui conduisaient chez Mgr. le Dauphin, et s'arrêter à une petite porte dérobée qui menait aux appartements de S. M. ; là, trois petits coups qu'il frapperait dans ses mains étaient le signal auquel la porte s'ouvrirait pour lui.

Dans la même journée il fut reçu chez la Reine, et le Roi y arriva l'instant d'après, suivi de MM. de Moutier et de Malden. Sa Majesté daigna les assurer tous trois de la confiance entière qu'elle accordait à leur noble dévouement et à leur discrétion ; elle les prévint du danger qu'ils courraient dans le cas où, malheureusement, le secret viendrait à être découvert; elle leur recommanda la prudence la plus scrupuleuse. Tous trois jurèrent à leur Roi et à son auguste Épouse, une fidélité inaltérable sous quelque rapport que ce fût, et les assurèrent qu'ils étaient prêts à tout entreprendre, ainsi qu'à subir tout si le destin, devenant contraire, pouvait mettre en péril Leurs Majestés. La Reine demanda à ces messieurs quels étaient leurs noms de baptême, leur disant que, « chacun d'eux, pendant » le voyage, serait désigné par le sien, at- » tendu qu'il fallait qu'on les crût ses domes- » tiques. » Ils reçurent d'ailleurs de sa bouche les instructions relatives aux dispositions dont ils avaient à s'occuper. Tous trois devaient être vêtus d'une veste jaune taillée dans la forme de celles des courriers, et se les faire préparer. Le Roi leur dit qu'il était inutile qu'ils songeassent à se pourvoir d'armes ; qu'elles leur seraient fournies, et qu'elles se trouveraient déposées dans la voiture de départ; que les selles pour deux courriers, toutes garnies de fontes de pistolets, seraient placées sur les deux chevaux de course qu'on devait mener au rendez-vous. Le lieu où remisait la voiture destinée à voyager, fut aussi indiqué à ceux de ces messieurs qu'on chargeait d'y transporter les effets qui leur seraient confiés. Il n'y eut que la connaissance de l'endroit où l'on monterait en voiture, qui ne leur fut pas donnée. Elle fut réservée pour le moment où il serait temps de la communiquer. Les signaux furent répétés et confirmés; car le Roi regardait comme important que ses trois serviteurs pénétrassent sans obstacle chez lui et chez la Reine, toutes les fois qu'ils croiraient utile de s'y présenter. Enfin chacun d'eux, bien instruit des soins qui le concernaient, alla, au sortir de cette séance, s'en occuper exclusivement.

La veille du jour du départ, le comte de Valori se rendit chez la Reine, entre onze heures du soir et minuit; et Sa Majesté manifesta devant lui une vive inquiétude que M. le marquis de la Fayette, général de la garde nationale de Paris, et M. Gouvion, son major, ne se doutassent du projet d'évasion. M. de Valori connaissait beaucoup le dernier, attendu qu'en province il habitait la même ville que lui, et qu'à Paris il le voyait quelquefois, parce que, rendant justice à sa droiture et à la probité de son caractère, malgré qu'il servît le parti de la révolution, il ne pouvait lui retirer entièrement son estime. Désirant se mettre à même de rassurer S. M., il lui offrit d'aller faire une visite à

M. Gouvion, et de tâcher de juger jusqu'à quel point la méfiance était excitée chez lui par l'alarme que donnaient les journaux, dont une partie prophétisait que bientôt toute la famille royale abandonnerait Paris. La Reine accepta que M. de Valori risquât cette tentative.

En conséquence, il alla le lendemain matin chez M. Gouvion dont le logement était au château. Il était sorti de l'appartement qu'il y avait ; mais il le trouva dans l'une des salles du corps-de-garde, destinée sans doute à son état-major : il y fumait une pipe et n'avait personne avec lui ; c'était bien ce que désirait M. de Valori que de le rencontrer ainsi sans témoins. Il en fut accueilli très amicalement; M. le major-général lui offrit à déjeûner, et il ne le refusa pas. La conversation, après avoir roulé quelques instants sur ce qui concernait des amis communs, sur les personnes de leur connaissance et sur quelques sujets divers, s'établit insensiblement sur la tournure que prenait ou qu'avait déjà prise la révolution ; et M. de Valori doit à M. Gouvion la justice d'attester qu'il lui parla avec émotion de la position du Roi. Il était franchement et *aveuglément* constitutionnel, mais il avait l'ame honnête; aussi se montrait-il occupé du désir de revoir bientôt S. M. raffermie sur son trône. M. de Valori dit quelques mots concernant les craintes que semaient les journaux, et M. Gouvion répondit : « Je parie ma tête » que le Roi n'a pas la moindre envie de quitter » Paris. Il est assuré qu'on n'en veut point à » sa personne, et qu'une fois les changements » dans le gouvernement opérés et assurés tel » qu'on désire qu'ils le soient, il sera plus puis- » sant que jamais. » C'était ainsi qu'une illusion extraordinaire autant que funeste maintenait dans le parti de la révolution nombre d'individus qui ne souhaitaient que le bien, et auxquels d'astucieux orateurs, qui avaient eu l'art de les séduire et de les entraîner, couvraient encore les yeux par un épais bandeau. La suite de l'entretien ayant confirmé encore mieux à M. de Valori que le major-général n'avait conçu aucun ombrage, il prit congé de lui, et courut au rendez-vous que lui avait assigné la Reine.

S. M. l'attendait, assise sur un tabouret, à côté de la petite porte, dans la pièce dont nous avons parlé.

Une sentinelle, mise en faction le long du corridor qui y conduisait, se promenait et surveillait en même temps les issues de l'appartement de Mgr. le Dauphin ; de sorte qu'il fallait prendre des précautions pour arriver à la petite porte de la Reine, et n'y manifester le signal que lorsque cette sentinelle tournait le dos en marchant vers l'autre extrémité du corridor. M. de Valori avait saisi la minute propice; mais comme il venait de frapper dans ses mains le second coup, il sort d'une des chambres voisines un individu se dirigeant du côté de celle de Mgr. le Dauphin. M. de Valori ne frappe point son troisième coup, et la Reine, heureusement, suspend aussi l'ouverture de sa porte. Il poursuit son chemin comme s'il voulait entrer aussi chez Monseigneur. L'individu en question le précède; M. de Valori se présente dans l'anti-chambre, demande à parler à quelqu'un qu'il jugeait ne pouvoir être là, et seulement alors il aperçoit que son *quidam* est un officier général; il le prend pour M. de la Fayette, et il croit encore que c'était lui-même. Etourdi de sa rencontre, il retourne sur ses pas en regardant bien derrière lui, si on ne le suit point. Comme la sentinelle était alors assez loin de la petite porte, et qu'elle avait le dos tourné, les trois coups furent incontinent frappés, et cette porte s'ouvrit. Il trouva la Reine fort intriguée des deux premiers coups, qu'elle avait très bien entendus, ainsi que des talons dont elle avait distingué le bruit de marche. Quand

le récit que lui fit le comte de Valori l'eut rassurée, elle lui dit : « J'ai effectivement cru
» reconnaître le pas de M. de la Fayette. Cet
» homme m'effraie au point que je me persuade sans cesse ou le voir ou l'entendre. »

M. de Valori rendit compte de la conversation qu'il venait d'avoir avec M. Gouvion. S. M. sourit. « Je ne le crois pas méchant,
» dit-elle, mais il est brusque ; il a l'air si dur !...
» Je vous remercie du calme que vous m'apportez ; j'en avais besoin. Eh bien ! nous approchons du terrible quart-d'heure.... Pourrons-nous sortir d'ici sans être aperçus ? sans
» être reconnus ? M. de la Fayette nous veut
» et nous fait bien du mal ! il a doublé les gardes
» partout.... — Madame, reprit M. de Valori,
» cette précaution est plutôt mise en œuvre
» par lui à dessein de rassurer les esprits inquiets et de faire taire les aboyeurs, qu'à
» raison de ses propres craintes. J'ose proposer
» à V. M. de me permettre de revoir M. Gouvion dans l'après midi : si je lui trouve la
» même sécurité, M. de la Fayette ne pouvant
» manquer d'en avoir une toute semblable, il
» sera plus qu'à parier que nous exécuterons
» notre sortie du château sans qu'il survienne
» d'obstacle. V. M. ne le pense-t-elle pas ? »

Le Roi entra vers la fin de ce colloque, et la

Reine lui rapporta ce qu'elle venait d'entendre. Il lui répondit : « S'ils ne se doutent de rien, » nous sortirons effectivement sans peine. » Puis, touché sans doute du zèle du comte de Valori, avec un sourire plein de bonté il daigna lui dire: « Vous êtes officier de mes gardes- » du-corps. Arrivons heureusement : vous, et » vos camarades, ne serez pas oubliés (3). Les » dispositions du voyage sont rédigées par » écrit ; les voici ; je vais vous les lire. J'irai » coucher demain, 21, à l'abbaye d'Orval. » M. le marquis de Bouillé m'attend, avec un » corps d'armée, en avant de Mont-Médi. De » forts détachements de hussards et de dragons » sont postés à Pont-Somvelt, à Ste.-Menehould, » à Clermont, à Varennes, à Dun. Vous cour- » rez devant ma voiture. Lorsque vous arri- » verez à Pont-Somvelt, vous demanderez » après M. le duc de Choiseul ; c'est lui qui » commande l'escadron des hussards de Lau- » zun, qui y est placé ; il vous fera parler » à un aide-de-camp de M. le marquis de » Bouillé, auquel vous direz, de ma part, d'exé- » cuter de suite les ordres qu'il a reçus. Ces or- » dres sont, d'aller prévenir les commandants » des détachements stationnés à Sainte-Mene- » hould, Clermont, Varennes, Dun, qu'ils » aient à prendre leurs mesures pour que cha-

» cun d'eux se trouve au poste qui lui est as-
» signé. Ils doivent, après notre passage, bar-
» rer chemin à tous voyageurs à cheval ou en
» voiture. Le même aide-de-camp doit aussi
» aller avertir le fils de M. le marquis de Bouillé
» de l'heure où il faudra qu'il aille m'attendre.
« Avant d'arriver à Varennes (qui n'est plus
» sur la route de poste), au-dessus de la côte
» qui domine cette ville, et par laquelle on y
» descend, vous entrerez de quelques pas dans
» le bois à votre gauche, si déjà vous n'êtes
» apperçu par le fils de M. de Bouillé, ou par
» un autre officier, M. le marquis de Boige-
» court, qui lui est adjoint; lesquels se trouve-
» ront là, à la lisière du bois avec des relais de
» chevaux qu'ils doivent conduire eux-mêmes.
» Ils nous feront passer Varennes et nous mè-
» neront à Dun. Vous verrez les commandants
» des escadrons qui m'attendront sur la route;
» en avant de Sainte-Menehould, ce sera M. le
» marquis d'Andouin à la tête d'un détache-
» ment du régiment de dragons de Monsieur;
» en avant de Clermont, M. le comte Charles
» de Damas à la tête du second escadron du
» même régiment; en avant de Varennes,
» M. d'Erlon, capitaine au régiment d'hussards
» de Lauzun, aussi à la tête de son escadron;
» en avant de Dun, M. de Lorric avec un déta-

» chement des mêmes hussards. Tâchez que » nous n'éprouvions en chemin aucun rétard » aux postes, et ayez toujours beaucoup d'a» vance. A Bondi, vous commanderez un relais » de six chevaux de berline; un autre de deux » chevaux de chaise, et deux bidets, l'un pour » vous, l'autre pour celui de vos camarades » qui courra derrière ma voiture; un de ces » deux messieurs montera sur le siége. Durant » toute la route, nous suivrons le même ordre » de marche. »

Ces instructions reçues, M. de Valori se retirait. La Reine lui dit: « faites en sorte de pou» voir nous confirmer ce que vous nous avez » appris de rassurant. A ce soir, à onze heures » et demie. » C'était le jour du départ : il devait s'effectuer à minuit sonnant.

Dans la soirée, M. de Valori joignit encore M. Gouvion, et s'entretint de nouveau avec lui; il ne lui parut pas être plus intrigué que le matin : moyennant quoi M. de Valori put, avec assurance, ajouter quelque chose à la tranquillité qu'il avait eu le bonheur d'apporter déjà à LL. MM., ce qui parut satisfaire encore beaucoup la Reine.

On sait que M. le comte de Fersen, colonel au service de France dans le régiment de Royal-Suédois, fut particulièrement chargé de pourvoir à plusieurs objets très importants et indispensables à l'accomplissement du départ. Il avait été aussi chargé de faire construire la berline de voyage : voiture fort ordinaire dans sa forme, fort simple extérieurement, mais parfaitement soignée quant à la solidité. Il l'avait aussi été de se pourvoir des chevaux qui devaient mener jusqu'à Bondi, et qu'il conduirait lui-même. De plus, il s'était chargé de se procurer un carosse de place (autrement dit, un fiacre) tout attelé, dont il serait le cocher; lequel fiacre devait recevoir la famille royale au sortir du château. Son rendez-vous était sur la place du Carousel au coin de la rue Saint-Nicaise.

A onze heures du soir, Mgr. le Dauphin et Madame Royale, accompagnés de madame la comtesse de Tourzel, gouvernante des Enfants de France, furent conduits à ce fiacre, et renfermés dedans pour y attendre le Roi, la Reine et madame Elisabeth. La berline de route, toute chargée, toute attelée, alla les attendre en dehors de la porte St.-Martin. Ici nous ferons remarquer que l'armement des trois gardes-du-corps avait été oublié ; les pistolets qui leur étaient destinés n'avaient point été mis dans le carrosse ; de sorte que ces messieurs ne se trouvèrent munis chacun que d'un couteau de chasse, dont ils s'étaient pourvus eux-mêmes.

A onze heures et demie, le comte de Valori se rendit chez la Reine, et MM. de Moutier et de Malden, chez le Roi. Ces derniers y parvenaient par le grand escalier du château, en prenant la porte à gauche.

La Reine et madame la princesse Elisabeth parurent à M. de Valori tranquilles et rassurées. A minuit, le Roi entra chez elles avec MM. de Malden et de Moutier. S. M. relut encore à ses trois gardes, et particulièrement à M. de Valori, comme chargé de courir en avant, les dispositions du voyage : ensuite de quoi, on entreprit la sortie du château dans l'ordre suivant : M. de Moutier donnait le bras à la Reine ; M. le chevalier de Malden donnait le sien à Mme. Elisabeth ; M. de Valori suivait le Roi. On observa des distances suffisantes, afin de ne pas faire groupe. Le Roi, en habit gris et en perruque, marchait le premier. La Reine et Mme. Elisabeth étaient vêtues de petites robes ; elles s'étaient coiffées chacune d'un grand chapeau très propre à ombrager leurs visages ; précaution fort salutaire, car, grâces aux bruits méchamment répandus, les cours des Tuileries se trouvèrent être illuminées de façon à faire croire qu'on était en plein jour. Des gardes nationaux les garnissaient. Partout la méfiance avait fait multiplier les précautions de toute espèce. Mais, en dépit d'elles, la Famille Royale traversa ces cours si éclairées, et passa outre sans être reconnue par personne. Dans le trajet, l'une des boucles de souliers du Roi se détacha et roula par terre; le comte de Valory marchant sur les pas de son Maître, la ramassa. Ce petit incident ne fut d'aucun effet. L'on atteignit, sans nulle difficulté, le coin de la rue St. Nicaise, où le fiacre, mené par M. de Fersen, et déjà occupé par les Enfants de France, attendait LL. MM. Cependant la Reine tarda de deux ou trois minutes; elle avait été saisie d'une vive frayeur en voyant tout-à-coup paraître la voiture de M. de la Fayette, lequel accourait au grand trot pour se trouver au coucher du Roi; plusieurs laquais entouraient son carrosse de flambeaux allumés qui jetaient une lumière si grande que S. M., persuadée que le général en chef allait la reconnaître, quitta aussitôt le bras de son conducteur et se mit à fuir d'un côté opposé. M. de Moutier, la suivant de très près, s'efforçait de la rassurer en la suppliant de remarquer que les flambeaux eux-mêmes, placés entre sa personne royale et les yeux de M. de la Fayette, éblouissaient celui-ci de façon qu'il ne pouvait la distinguer. La Reine se calma, reprit confiance et joignit le fiacre.

M. de Valori partit tout de suite à cheval pour aller commander le relais à Bondi; M. de Moutier y monta de même pour suivre la voiture, et M. de Malden s'établit derrière. Ce fut ainsi qu'on alla gagner le carrosse qui attendait au-dehors de la porte Saint-Martin, comme on l'a dit. Parvenu jusque là le changement d'équipage s'effectua avec promptitude; M. le comte de Fersen monta sur le siége, et conduisit, grand train, à Bondi.

Ici M. de Valori demande permission d'interrompre son récit, pour tâcher de jeter un peu de jour sur les moyens qu'on a eu de connaître la trace du Roi et sur les causes de son arrestation à Varennes; car les relations faites au public, même celles qu'ont écrites des historiens de bonne foi, tels que M. Anquetil et quelques autres, sont si fautives qu'il croit devoir s'occuper un moment d'en démentir les erreurs.

On a généralement supposé que M. le marquis de la Fayette avait eu connaissance du projet d'évasion; qu'il savait quels étaient le jour et l'heure où il devait s'accomplir, et qu'il ne s'était abstenu de le troubler que pour acquérir la gloire cruelle de faire arrêter son Souverain au sein de ses provinces, à l'extrémité de ses états, afin de les lui faire retraverser, au retour, sous les baïonnettes d'une immense horde de sujets rebelles, auxquels il serait ordonné de lui faire boire le calice de toutes les humiliations et de mille terreurs, inouïes jusque-là. Non ; ce dessein plus que coupable, plus que barbare, n'a point été conçu par M. de la Fayette. On doit même douter qu'il lui eût été possible de l'enfanter, et croire que s'il eût abordé sa pensée, il l'aurait repoussé avec horreur.

L'arrivée de M. de la Fayette au château, prouve assez l'intention d'assister au coucher du Roi. En y entrant, il apprend de son major-général que le coucher est fini ; qu'il s'y est trouvé ; et, en effet, S. M. avait feint de l'effectuer comme de coutume. Alors, M. de la Fayette s'en retourne paisiblement à son hôtel, se couche lui-même et s'endort. Rien peut-il démontrer mieux quelle était son ignorance ainsi que celle de M. Gouvion ? Ajoutons à cette preuve un raisonnement bien simple et bien frappant : si ces MM. eussent été complices tacites de l'évasion, il en serait nécessairement résulté de deux choses l'une : ou qu'ils auraient fait poursuivre le carrosse royal d'assez près pour ne pas courir le risque de manquer de le faire arrêter où ils le voulaient, ou que, dans le cas où ils favorisaient secrètement cette évasion, ils se seraient enfuis eux-mêmes, afin d'éviter de tomber au pouvoir de tout le peuple révolutionnaire, envers lequel ils étaient responsables de la présence du Roi au château des Tuileries, dont l'investigation et la garde leur étaient exclusivement confiées.

Rassemblons maintenant sous les yeux des lecteurs tout ce qui a concouru contre le succès du voyage.

Le départ de deux femmes attachées au service de Mgr. le Dauphin et de Madame Royale (lesquelles ont ensuite suivi, dans un cabriolet attelé de deux chevaux de louage, la voiture du Roi), avait beaucoup trop devancé celui de S. M. Ces dames étaient parties dans l'après midi, et s'étaient stationnées à Bondi; de sorte qu'elles y restèrent cinq ou six heures avant l'arrivée de la famille Royale; et, ce qui était une grande faute, le postillon de la poste de Paris, qui les avait menées à Bondi, y fut retenu avec ses chevaux, de manière qu'il vit apprêter les relais pour le Roi; il vit pareillement M. le comte de Fersen quitter son siége de cocher pour monter aussitôt dans sa propre voiture attelée de quatre chevaux, et partir pour une autre route, afin d'émigrer. Ce postillon retourna donc à Paris, bien en état, s'il y était interrogé, de fournir aux ennemis de S. M. les indices qu'ils pourraient désirer. Et on conçoit combien la première mesure prise devait ou pouvait devenir nuisible. Ce ne fut cependant pas celle-là qui occasionna principalement le plus grand des malheurs.

Nous venons de laisser M. de La Fayette rentré chez lui, bientôt couché, et sans doute bientôt endormi. Lui et tout Paris n'auraient appris que fort tard, dans la matinée du lendemain, le départ de la famille royale (4), si ce n'eût été l'habitude qu'avait le médecin de Mgr. le Dauphin, d'entrer chez ce prince aux approches de sept heures, pour savoir de ses nouvelles. Trouvant sa chambre vide, il se rendit chez Madame Royale, où il pensait que Monseigneur pouvait être. N'y voyant ni elle ni lui, l'inquiétude commence à gagner : on va chez la Reine, on va chez le Roi, chez M^me^. Elisabeth ; tous les appartements sont déserts....... On se regarde avec stupeur; la famille royale s'est évadée, se dit-on. On prend l'alarme ; on la répand ; on court informer M. de La Fayette, qui était encore au lit, et qui refuse de croire à la nouvelle. Mais Paris se remplit de rumeur ; le bruit du départ de LL. MM. perce dans tous les quartiers. On s'attroupe, on bat la générale, le tocsin sonne ;

le général en chef donne ordre qu'on mette les chevaux. Un instant après, il monte en voiture pour se rendre au château; et en chemin, il est plusieurs fois assailli d'une foule de gens du peuple qui l'accusent de trahison, et menacent de le massacrer.

S'étant confirmé, par ses propres yeux, que effectivement le Roi et sa famille avaient quitté Paris, il sortit des Tuileries pour aller conférer avec l'assemblée constituante, et recevoir les ordres relativement aux mesures qu'elle jugerait devoir être prises. Au retour, son trajet ne fut pas sans danger : les mêmes hommes, renforcés d'une populace immense, parmi laquelle il put reconnaître nombre des individus féroces qui s'étaient signalés à Versailles aux 5 et 6 octobre 1789, l'environnèrent de nouveau en l'accablant d'injures, en lui faisant des menaces effrayantes. D'après les journaux du temps, confirmés par la croyance de tout Paris, on tient pour constant qu'il dit à ces furieux : « Mes enfants, j'ai laissé partir le Roi ; » mais calmez-vous, son arrestation est dans » mes mains ; le traître vous sera ramené sous » bonne escorte. Si je ne vous le rends pas, je » consens à mourir ». Toutefois, on peut juger facilement aujourd'hui que, si cette audacieuse réponse a été faite, il est du moins certain qu'elle n'a éte inspirée à M. de La Fayette que par la crainte de devenir à l'instant victime de l'emportement de cette populace, dont jusque-là il avait été l'idole. Il en fut accompagné jusqu'à l'Hôtel-de-Ville, où il combina avec les officiers municipaux et le conseil de la commune, les moyens capables de faire découvrir quelle route avait prise S. M. Celui de rassembler et d'interroger tous les voituriers de Paris, fut proposé et adopté sur-le-champ. On les manda au plus vite; on les questionna, et le conducteur des deux femmes de la suite des Enfants de France, qui avait beaucoup vu, beaucoup entendu à Bondi, dévoila ou donna à entrevoir une partie du mystère.

Sans doute que ça été son rapport qui, fournissant au moins une demi-lueur, a décidé M. de La Fayette à faire voler de poste en poste, partant de Bondi, deux de ses aides-de-camp sur les traces de son Souverain, avec ordre de les suivre à toute bride, et sans relâche, jusqu'à ce qu'ils parvinssent à l'atteindre; mais leur diligence, même outrée, n'aurait jamais pu empêcher le Roi d'arriver où il voulait aller. L'avance qu'avait S. M. était déjà trop considérable, puisque depuis minuit rien n'avait retardé sa marche, et que, avant que les deux aides-de-camp fussent sortis de Paris, neuf heures du matin avaient sonné. Cette diligence eut pourtant une utilité bien funeste, celle de faire repartir de Varennes la Famille Royale, avant qu'elle y pût être secourue par M. le marquis de Bouillé et les troupes qu'il commandait.

Pour reconnaître, donc, la vraie source de la douloureuse arrestation, il s'agit de faire attention à ce qui suit, et de bien entendre surtout l'importance des ordres qui avaient été donnés à M. le duc de Choiseul, et à l'aide-de-camp de M. de Bouillé, tous deux postés à Pont-sous-Velle. On en a lu précédemment la teneur, et d'après cela on peut facilement se convaincre que c'était de leur ponctuelle exécution que devait dépendre le succès de l'entreprise.

A l'époque dont il est question, les voyageurs, en poste, parcouraient sans difficultés les diverses provinces du royaume; nulle part on ne les inquiétait. Beaucoup de contrées considérables n'étaient point encore armées; et le Clermontois, l'Argonne, par où le Roi avait à passer, se trouvaient dans ce cas. Il y avait par conséquent à se flatter que les détachements militaires, qu'on y avait stationnés, suffiraient, dans tous les cas, à contenir les habitants; mais, malheureusement, la seule présence de ces petites troupes avait suffi pour inspirer de la défiance aux autorités des lieux qu'elles occupaient. Leurs commandants, questionnés par les officiers municipaux, répondaient que leur mission était « d'attendre et d'escorter un trésor », et cette réponse même augmentait les soupçons dont le détachement était l'objet.

La Famille Royale, partie en poste de Bondi, marcha avec une grande célérité vers Châlons, sans autre accident que celui d'un trait rompu en accrochant une borne, ce qui n'occasionna pas six minutes de retard; aussi commençait-elle à respirer. La confiance et l'espoir prenaient la place de l'inquiétude; déjà la Reine et Mme. Elisabeth montraient un air de satisfaction, même un peu de gaîté. Au relais de Jalon (c'est celui qui précède immédiatement Châlons), la Reine dit au comte de Valori : « François (5), il me semble que cela » va bien; nous serions arrêtés si nous avions » dû l'être; ils n'ont pas eu connaissance de » notre départ ». La réponse du fidèle François fut : « Madame, à douze lieues de Paris, » déjà nos inquiétudes se sont dissipées : nous » aurions été atteints dans cet espace de chemin si, après le coucher du Roi, ou après » notre sortie du château, on s'était aperçu

» de quelque chose : il n'y a plus aucune » crainte à avoir. Je ne remarque de mouve- » ment ni de suspicion nulle part. Courage, » Madame! oui, tout va bien ».

Les illustres voyageurs entrèrent à Châlons-sur-Marne, vers deux heures de l'après-midi. Le plus grand calme y régnait : on en partit sans embarras après avoir relayé.

M. de Valori arrive à Pont-sous-Velle, où il devait s'aboucher avec M. le duc de Choiseul, commandant à ce poste un escadron des hussards de Lauzun, et avec l'aide-de-camp de M. de Bouillé que lui avait annoncé le Roi; mais il est bien étonné d'apprendre que ce détachement avec son chef, s'est retiré de Pont-sous-Velle dans la matinée, parce qu'il s'est fait un soulèvement contre lui, auquel même les environs ont pris quelque part. Sans doute que M. de Choiseul n'a éloigné sa troupe que pour calmer le peuple et empêcher que le chemin de S. M. ne soit encombré par des masses de gens en insurrection; telle est la pensée de M. de Valori : cependant, une pareille découverte tourmenta fort son esprit. Il se garda d'étendre les questions, commanda les chevaux de relais, les fit sortir tout harnachés dans la rue, paya un verre d'eau-de-vie aux postillons comme c'était son usage (6); et cela fait, il fut parcourir le village et ses avenues pour chercher s'il ne pourrait découvrir l'aide-de-camp de M. de Bouillé, lequel devait, comme on le sait, monter à cheval à la minute pour porter aux commandants des autres détachements les ordres qui les concernaient, et qui lui avaient sûrement été communiqués par M. le marquis de Bouillé. La perquisition de M. de Valori ne produisant rien, après avoir essayé, avec réserve, de prendre encore quelques informations, et entendant approcher la voiture de LL. MM., il retourne à la porte, fait dételer et ratteler promptement; puis, s'avançant jusques à la portière du Roi, il lui rend compte de ce qu'il vient d'apprendre, l'assurant d'ailleurs qu'il n'a observé dans Pont-sous-Velle que la plus absolue tranquillité.

On se remit en marche, et M. de Valori poussa en avant, un peu agité de ce contre-temps, et inquiet de ce qui pouvait en résulter relativement aux dispositions faites le long de la route, lesquelles, faute des ordres ultérieurs dont l'aide-de-camp devait être l'organe, devenaient tout au moins inutiles. Il pressa extrêmement son bidet afin de gagner beaucoup de chemin sur le carrosse de ses Maîtres. Sa crainte était surtout que les habitants de Sainte-Menehould n'eussent, comme ceux de Pont-sous-Velle, pris ombrage du séjour de l'escadron du régiment de Monsieur, dans leur ville, et qu'il ne les trouvât aux aguets.

En y entrant, ses appréhensions ne se justifièrent que trop ; il vit, avec un secret effroi, beaucoup de gardes nationaux (les premiers qu'il eût rencontrés depuis Paris) répandus dans les rues. Les tambours y battaient ; du monde, en assez grande quantité, y paraissait en mouvement. Il ne douta point que tout cela ne fût le symptôme, encore vague peut-être, d'une alarme conçue par quelques soupçons, peut-être vagues aussi. En traversant la grande place, il remarqua des dragons de l'escadron de Monsieur en bonnets de police devant la porte d'une auberge, et il éprouva alors un secret contentement fondé sur ce que le détachement n'avait du moins pas quitté son poste. Non loin, à quelques pas, il connut M. le marquis d'Audouin, commandant de l'escadron ; mais il ne l'aborda point, il passa roide. Trop inquiet, trop en crainte d'attirer sur lui la moindre attention, ce fut à la poste aux chevaux qu'il se rendit directement. On la lui indiqua, et il commanda bien vite les relais.

Là l'enfer avait vomi et avait prédestiné un monstre à devenir une source d'attentats effroyables : c'était Drouet. Le hasard fit que ce fut à lui-même que s'adressa le comte de Valori : et pourtant cet homme, si atrocement révolutionnaire, ne s'informa pas s'il avait un passe-port, n'exigea point qu'il lui en fût montré, ne dit rien, en un mot, qui pût faire croire qu'il eût quelques soupçons dans l'esprit; il se contenta de demander ce qui se passait de nouveau à Paris : on juge bien qu'il ne ne lui fut fait que d'insignifiantes réponses.

Les chevaux, bientôt harnachés et placés en dehors de la porte du logis, dans la rue, M. de Valori sort pour s'assurer qu'il ne leur manque rien. Il est accosté par M. le marquis d'Audouin, qui lui témoigne sa surprise et sa douleur de n'avoir point été prévenu, ainsi qu'il s'attendait à l'être, et qui l'engage, au surplus, à partir très vite; attendu que lui et son détachement avaient été inquiétés par les habitants, lesquels s'employaient activement à tâcher de corrompre sa petite troupe. M. de Valori coupe court à la conversation : « Quittez-moi tout de » suite, Monsieur, allez à votre escadron, faites » tout ce qui est possible pour le maintenir; » mais n'entreprenez pas de donner avant que » nous soyons hors d'ici. Ne nous disons rien » de plus : il n'est pas bon qu'on nous voie nous » entretenir ». Ce colloque d'un instant ne fut point remarqué, car il ne produisit rien. Quelques personnes regardaient les chevaux, mais c'était sans une extraordinaire attention ; et pour ne la point provoquer non plus sur lui, M. de Valori rentra un instant dans la maison.

Très peu de minutes après, la voiture de LL. MM. s'annonça par les coups de fouets des postillons; alors M. de Valori fit atteler avec célérité et repartit. Pendant qu'on procédait il eut le déplaisir de voir M. le marquis d'Andoin à la portière du Roi, lui parlant, et beaucoup de monde s'attroupant à l'entour; de sorte que ce moment a été très pénible à M. de Valori. Louis XVI lui a dit depuis : « M. d'Andoin » avait à cœur de s'excuser de ce qu'il n'était » pas en mesure de me pouvoir suivre, et de » m'en faire connaître les raisons. C'est à ce » sujet qu'il sentait le besoin de m'entretenir » un instant ». Malgré ces divers motifs d'anxiétés, comme rien ne s'opposa encore à ce que S. M. poursuivît sa route, on la reprit aussitôt.

Considérons cependant ici combien le sieur Drouet a débité de mensonges. Certes, il a vu le Roi dans son carrosse, car il s'en est approché et l'a regardé fort à son aise. Si, tirant de sa poche un assignat, comme il l'a dit, il eût jugé, en vertu de la ressemblance, que c'était sa personne sacrée, l'eût-il laissé repartir? n'aurait-il pas provoqué la fermeture des portes de

Sainte-Menehould, et empêché que la voiture sortît de la ville? Cet homme, qui avait le régicide inné dans le cœur, se serait-il exposé à manquer les moyens de faire arrêter son maître sur le grand chemin, plutôt que d'effectuer ce crime à la porte de sa maison? Là, il était facile; tandis qu'à l'approche de Varennes, la moindre chance heureuse devait suffire à assurer pour toujours la liberté du Roi. Drouet a donc menti à l'assemblée constituante et à la France entière! il n'a été que le vil instrument des turbulences démagogiques de quelques uns de ses concitoyens. Le comte de Valori tient de la bouche d'un sous-officier des dragons stationnés à Sainte-Menehould, qui était dans la foule dont le carrosse de S. M. fut entouré, pendant que M. le marquis d'Andouin conférait à la portière, qu'à peine la voiture avait-elle été à cent pas, qu'il entendit plusieurs individus d'entre les curieux, se dire: « L'homme que nous venons de voir au fond » de cette voiture ressemble beaucoup au Roi ». Et ensuite, a ajouté ce sous-officier, le propos se répétant, il se répandit dans tous les quartiers, « que c'était sûrement le Roi qui venait » de passer. »

M. le marquis d'Andouin ayant rejoint sa troupe, fit sonner le boute-selle pour la faire monter à cheval et courir derrière LL. MM. : ce fut ce qui décida l'alarme. Le peuple se met aussitôt en insurrection ; il se porte à l'auberge où sont les dragons, leur fait distribuer du vin, leur offre de l'argent : les sangles de leurs selles sont coupées par les plus entreprenants ; l'émeute s'augmente, on bat la générale, et le tocsin sonne. Les officiers municipaux, rassemblés tout de suite à l'Hôtel-de-Ville, firent arrêter et comparaître M. le marquis d'Andouin ; mais ses réponses à leurs questions ne purent les éclairer. Ils envoyèrent l'ordre au maître de poste de se rendre par devant eux : Drouet vint, et, plein d'un zèle impie, il offrit de monter à cheval, de couper au court par des chemins de traverse, de devancer à Clermont la voiture du Roi, et surtout de l'y faire arrêter. On accepta son offre : il partit de suite. Personne n'était plus en état de s'opposer ; et M. le marquis d'Andouin, une fois tombé au pouvoir de la municipalité, ses dragons s'unirent à l'insurrection.

A présent, on doit sentir très distinctement que, si les ordres qui avaient dû être portés de Pont-Somvelt aux chefs des détachements, l'eussent été en effet, M. d'Andouin et son escadron auraient été attendre le carrosse du Roi en avant de la ville, pour ensuite le suivre ;

on sent qu'on ne l'aurait vu parler ni à M. de Valori, ni à S. M.; on sent, enfin, que Drouet n'aurait pas monté à cheval, ou qu'il y serait monté fort inutilement, et qu'il y a tout lieu de croire que l'infortunée famille royale aurait atteint sa destination; qu'elle y aurait été entourée de forces respectables et fidèles; que son salut aurait opéré celui de la patrie si déchirée depuis; que cette suite de tempêtes appelées par l'esprit de faction, perturbateur éternel de toute société, eût été heureusement conjurée; et que la souillure ultérieure d'une tache à jamais épouvantable aurait été épargnée à une nation sensible qui la déplorera toujours!....

Elle voyageait pourtant encore avec espérance, cette Famille si digne d'être chérie; car nulle chose ne lui avait pu faire augurer qu'elle eût été reconnue, ni même soupçonnée. Le peu de signes de désordre qu'elle avait peut-être entrevus étaient équivoques; d'ailleurs, elle les laissait derrière elle, et, sur la grande route, il n'en apparaissait aucun : l'on n'y voyait presque personne.

A Clermont, tout était calme aussi; on y relaya devant le logis du maître de poste, en pleine rue, sans nul embarras, et on en repartit de même; car Drouet, malgré sa promesse, n'avait pu réussir à dépasser encore la voiture du Roi. En avant de cette ville, sur la chaussée, M. de Valori avait rencontré M. le comte Charles de Damas, colonel du régiment de Monsieur, dragons, qui, fort étonné de l'apparition du courrier en veste jaune, qu'il savait devoir être le comte de Valori, l'arrêta un instant pour lui faire part des inquiétudes que lui avaient causées des mouvements populaires, excités par le séjour de sa troupe. Elle avait en quelque sorte lâché le pied ou méconnu ses ordres; et il augurait si peu d'elle, qu'il croyait prudent de n'essayer de l'enlever pour la porter à la suite du Roi qu'après que S. M. serait de l'autre côté de Clermont. Il ajouta qu'alors il tenterait fortement de parvenir à disposer d'elle, et lui faire faire son devoir; ce à quoi il se flattait de ne pas éprouver d'obstacles suffisants de la part des habitants, vu qu'il ne leur laisserait pas le temps de se réunir pour en opposer.

Malheureusement cet espoir ne tarda guère à être déçu : peu de minutes après que le Roi fut sorti de la ville, Drouet y entra. Il courut à la poste aux chevaux, où il apprit qu'on venait de relayer la voiture qu'il désignait. Furieux de se voir un instant déjoué, le misérable ne sut mieux faire que se jeter à travers les rues, appelant le peuple à partager ses intentions criminelles, lui demandant de faire sonner le tocsin : et le peuple, déjà que trop disposé au désordre, s'ameuta aussitôt contre les dragons, les menaça, les caressa, les fit boire ; de sorte, que, quand M. le comte Charles de Damas leur ordonna de monter à cheval, la corruption avait eu sur eux un succès si subit et si entier, qu'ils refusèrent absolument de lui obéir. Ce chef distingué se vit forcé de chercher son salut dans la fuite, n'emmenant avec lui qu'un petit nombre de braves gens qui voulurent bien l'accompagner; encore n'avaient-ils plus la possibilité de joindre la voiture du Roi ; elle avait fait trop de chemin ; et puis Drouet, sans perdre d'autre temps que celui d'aller en toute hâte informer la municipalité, était reparti avant que M. de Damas pût être sorti de Clermont. On eût dit qu'à cette époque du soir d'une seule journée si heureuse, tout, jusqu'aux moindres circonstances, était invinciblement empreint du sceau de la fatalité.

Toutefois cette voiture, que poursuivait une scélératesse barbare, roulait encore paisiblement. Elle arriva sur la hauteur de Varennes, où il lui fallut faire halte pour avoir son relais ; et c'est ici que doivent s'arrêter aussi les lecteurs sensibles, les malheureux amis d'une Famille auguste et chérie, s'ils ne veulent frémir à chacune des lignes qui vont se succéder. Oui, ils doivent frissonner d'apprendre qu'un homme ait pu entretenir constamment dans son sein la pensée du crime pendant toute la durée du temps qu'il a fallu pour franchir un espace de douze lieues; et comment, sans démordre de son infernal dessein, il est parvenu à saisir, à livrer à leurs meurtriers le meilleur et le plus vertueux des Monarques, la tendre comme la plus illustre des mères, ses royaux Enfants pleins des charmes de l'innocence, et la plus admirable princesse dont la France ait eu jamais à s'énorgueillir. Qu'on pardonne à M. de Valori les accents de sa douleur; sa main tremble; ces funestes images se renouvellent à ses yeux..... Ah! l'unique rejeton d'une famille sacrée, immolée presque toute entière, ne doit point lire ce récit, fait uniquement pour l'histoire!.. qu'il ne tombe pas dans ses mains! ce n'est point à l'ange consolateur de notre nation égarée qu'il faut apprendre quelque chose; cet ange n'a que trop vu, que trop entendu, que trop versé de pleurs; conjurons plutôt le Ciel de lui faire tout oublier!....

Mais ranimons notre courage, poursuivons s'il se peut.

Le comte de Valori, toujours en avant de la voiture de LL. MM., en approchant de Varennes se sentait tourmenté, comme par un secret pressentiment, de l'appréhension de ne pas trouver à l'endroit indiqué les relais dont étaient chargés le fils de M. le marquis de Bouillé et M. le marquis de Raigecourt; ils avaient dû être avertis, mais l'avaient-ils été?... Il parcourt la lisière du bois, il la perce, il cherche à faire entendre sa voix; il ressort du bois, en fouille, pour ainsi dire, le terrain environnant; il appelle encore, c'est en vain, personne ne répond. Convaincu de l'absence de ces Messieurs, il ne lui restait d'autre parti à prendre que celui d'entrer dans la ville pour s'informer le plus promptement possible dans l'auberge, si un cocher, un postillon et quatre chevaux n'y attendaient pas une voiture de maître pour la relayer; il descend donc la côte; il va faire des perquisitions prudentes; il les multiplie autant qu'il le peut, sans risquer d'inspirer des soupçons; on ne peut rien lui indiquer!.... C'était vers onze heures du soir; la ville était tranquille. Impatient, agité d'une perplexité inexprimable, M. de Valori avait l'oreille au guet, et cependant il poursuivait sa recherche. Favorisé par le silence de la nuit, il entend la voiture du Roi rouler sur la côte, puis s'arrêter. Alors il hésite : retournera-t-il vers le carrosse, ou essayera-t-il quelques perquisitions de plus ? La crainte de n'en avoir peut-être pas fait assez dans le bois, sur la hauteur, et d'y avoir manqué le relais par sa faute, lui serrait le cœur ; il mesurait en même temps la perte des minutes..... Pendant la courte durée de son indécision, il croit entendre s'élever un peu de bruit dans la ville, il écoute : quelques particuliers sortent de leurs logis avec des lumières à la main, et se parlent en se rencontrant ; il semble à M. de Valori que le nombre des allants et des venants s'augmente ; cela l'intrigue, mais sans captiver trop son attention, et il se décide à retourner à la voiture pour voir si, par hasard, on ne la relayait pas ; car il aimait à admettre encore que les relais s'étaient peut-être présentés.

Médiocrement affecté de l'espèce de petite agitation qu'il venait de remarquer dans les rues de Varennes, sans en tirer une grande conséquence, il s'achemina au galop vers le carrosse du Roi. Quels furent sa cruelle surprise et son vif désespoir quand, voulant rendre compte à S. M. ; elle lui dit : « François, nous » sommes vendus ! Un courrier, qui vient de » passer, a défendu aux postillons d'aller plus » loin, et leur a ordonné, *de par la nation*, » de dételer, ajoutant qu'ils menaient le Roi !!! » Tandis que le Roi disait ce peu de mots au comte de Valori, le premier coup de tambour se fit entendre ; il appelait le peuple de la ville à se rassembler, et les gardes nationaux à s'armer de ce qu'ils avaient sous leurs mains. Le tocsin allait sonner ; le pont, sur lequel leurs Majestés devaient passer à Dun, allait être barré ou coupé..... Rendre ce qui se passa dans l'ame du pauvre François, c'est chose impossible ; jamais une douleur aussi poignante ne l'avait saisie. Sans armes à feu, sans secours à portée de la voiture de son malheureux Maître ; seul auprès d'elle parce que ses deux camarades étaient en cet instant employés ailleurs ; sans aucun renseignement qui pût faire prendre un parti salutaire ! Ce vide de moyens lui parut l'absence et l'abandon de toute Providence ; sa détresse eût presque accusé le ciel !

Ici encore, il est indispensable de fournir quelques explications préalables, et de citer certains faits particuliers qui intéresseront, à raison de ce qu'ils sont liés aux événements et en ont produit quelques-uns.

1°. M. d'Eslon, qui devait commander dans Varennes le détachement des hussards de Lauzun qu'on y avait posté, se trouva être échangé et envoyé à Dun, parce qu'il avait été accusé près de M. le marquis de Bouillé de n'être point assez prononcé pour les intérêts du Roi : et un jeune officier, de l'âge de 17 à 18 ans, nommé de Lorric, vint le remplacer. On verra combien on eut tort de suspecter ce loyal militaire, et de se repentir de lui avoir révélé le secret de sa mission ! on ne le révéla pas à M. de Lorric ; celui-ci crut n'avoir à attendre que des caisses d'argent qu'il devait escorter.

2°. Le fils de M. le marquis de Bouillé, et M. le marquis de Raigecourt, officier au régiment de royal allemand, chargés du relais, avaient été gîter dans une auberge au-delà du pont qui est sur la rivière, pour y attendre que l'aide-de-camp du général marquis de Bouillé vînt les prévenir de l'approche du Roi, et du moment où ils devraient se porter au lieu du rendez-vous avec les chevaux destinés aux deux voitures.

3°. M. de Lorric, sur le bruit tout de suite répandu dans Varennes qu'il s'agissait d'arrêter une berline dans laquelle était le Roi, inquiet du désordre qu'il voit à l'instant s'élever, embarrassé aussi de réunir ses hussards épars dans les hameaux du dehors autant que dans les maisons de la ville, où déjà on les faisait boire, ne crut pouvoir mieux faire que de monter à cheval pour courir avertir à Montmédi, distant de 8 lieues, le marquis de Bouillé. Ce général avait sous ses ordres le régiment de royal-allemand et un petit corps d'armée.

Tout ce qui devait concourir à assurer la marche du Roi se trouvait donc ainsi désorganisé; mais malgré cela, le salut était encore possible : la rivière de Varennes est guéable en plusieurs endroits. Hélas! ni S. M. ni personne de sa suite ne le savait ! Un homme respectable, M. de Préfontaine, anciennement attaché à M. le prince de Condé, riche alors, dont la maison, bâtie sur la pente de la chaussée, pouvait avec sûreté servir de refuge aux relais préparés pour leurs majestés n'avait été ni prévenu, ni mis dans le secret! Ce secret pouvait être confié à sa foi; et il est sans aucun doute qu'alors il aurait indiqué les gués, et fourni, même au besoin, des chevaux pour passer la rivière. Ce fut devant sa maison que les voitures s'arrêtèrent; la Reine descendit de la sienne, et s'y fit conduire par M. de Malden. Elle y resta un moment. Attestons-le, ce fut à propos de cette courte pause, que les serpents de la calomnie sifflèrent par toute la France, et que de toutes parts on dit que le Roi avait abusé du temps en faisant maint repas dans les auberges de la route. Le comte de Valori donne sa parole d'honneur, que son auguste Maître n'est sorti de sa voiture en nul endroit; et que sa course n'a été ralentie ni retardée par quoi que ce soit (7). Il adjure, s'il le faut, MM. de Moutier et de Malden d'en certifier aussi; leur témoignage ajoutera sans doute au sien un poids absolu.

Le carrosse de S. M., avons-nous dit, était demeuré isolé sur le chemin quand M. de Valori le rejoignit; en voici la raison : le Roi étonné de ne pas trouver les relais où ils devaient être, avait dépêché M. de Moutier dans Varennes, avec ordre d'y chercher et de lui amener l'officier qui commandait le détachement de hussards; et M. de Malden était entré chez M. de Préfontaine avec notre malheureuse Reine, qui s'appuyait sur son bras. Pendant ce temps Drouet passe, intimide les postillons, entre au grand galop dans la ville..... Mais la Reine revient et remonte dans la voiture. Alors le chevalier de Malden est réuni au comte de Valori; ensemble ils forcent les postillons à remonter à cheval, et mettant à côté de vives menaces, les promesses de beaucoup d'argent, et celle de leur obtenir du Roi quelques grâces s'ils traversent Varennes avec la rapidité de l'éclair; ils les gagnent et les décident à tout tenter. Au même instant M. de Moutier revient, rend compte au Roi que c'est en vain qu'il a demandé après le commandant du détachement; qu'il est parti; qu'on l'a vu s'enfuir fort vite. Sur ce rapport on se remet en marche et l'on descend la côte au grand trot des chevaux.

En moins de quatre minutes, la voiture a atteint la porte de la ville; mais l'un des battants est fermé!... Cette porte est gardée; il faut composer pour se la faire ouvrir. Ce n'est pas tout, on demande à voir les passe-ports, et il y eut nécessité de les communiquer; puis de les abandonner pour être examinés à la mairie. Cela prit un certain temps, pendant lequel beaucoup de monde s'attroupa autour du carrosse. Sans doute qu'il eût suffi d'un piquet de quarante hussards seulement pour dissiper ce faible rassemblement et en imposer à quelques gardes nationaux qui déclaraient s'opposser au passage. Avec cette force on serait parvenu facilement aussi à débarrasser le pont qu'on travaillait à encombrer; mais nul soutien ne se montra, et tout moyen manquant pour en appeler, il fallut se soumettre et attendre.

Le passe-port était en règle, de sorte que sa communication ne donnait motif à aucune inquiétude ; il portait de laisser passer librement Mme. la baronne de Corfe, retournant en Russie avec ses deux enfants, leur instituteur, quatre dames attachées au service de Mme. la baronne, et trois domestiques, courriers vêtus de vestes jaunes. Les noms de chacun étaient écrits sur ce passeport, lequel était revêtu des signatures des membres d'un comité de l'assemblée constituante et de son président. On promit de le rapporter visé, assurant qu'alors les voyageurs pourraient continuer leur route.

Mais déjà il volait de bouche en bouche que cette voiture était suspecte, qu'il était prudent de l'arrêter. Nombre de jacobins de Varennes coururent à l'Hôtel-de-Ville, afin d'y dominer les membres du conseil municipal, et les obliger à la retenir. Drouet, les cheveux hérissés, le mensonge à la bouche, le crime dans le cœur, secondé de beaucoup de suppôts, corrompait, infectait les esprits et effrayait le conseil. Malgré lui cependant, et malgré ses sicaires, le maire de la commune, appelé M. Sauce, vint se présenter à la voiture, et il dit à LL. MM., avec des formes honnêtes: « Le conseil municipal délibère sur les moyens

» de permettre aux voyageurs de passer ou-
» tre; mais le bruit s'est ici répandu que c'est
» notre Roi et sa famille, que nous avons le
» bonheur de posséder dans nos murs.... J'ai
» l'honneur de les supplier de me permettre de
» leur offrir ma maison, comme lieu de sûreté
» pour leurs personnes, en attendant le résultat
» de sa délibération. L'affluence du monde
» dans les rues s'augmente par celle des ha-
» bitants des campagnes voisines qu'attire no-
» tre tocsin; car, malgré nous, il sonne depuis
» un quart-d'heure, et peut-être V. M. se ver-
» rait elle exposée à des avanies que nous ne
» pourrions prévenir, et qui nous accable-
« raient de chagrin ».

Le Roi ne jugeait que trop bien qu'il était possible qu'il survînt quelque danger; ni M. de Lorric, ni sa troupe, ne se rencontraient. Il n'y avait cependant que la force ouverte qui pût assurer le salut de la famille royale, et la tirer du mauvais pas où elle se trouvait. S. M. résuma, autant qu'elle le put, ce que sa situation, à la porte de cette ville, avait de périlleux, et se résolut d'ordonner qu'on la conduisît à la maison qui lui était proposée. Mais elle n'eut pas lieu de se rassurer durant le trajet. Ce peuple vociférait, dans les rues, des provocations insurrectionnelles; il entraînait avec lui nombre de hussards; les habitants des environs, pris d'un effroi dont le sujet leur était inconnu, appelaient à leur aide, en même temps qu'on employait ouvertement toutes sortes de ruses pour les attirer; le tocsin sonnait aussi chez eux : on eût dit que, pendant les funestes heures de cette nuit fatale, le génie du mal, suspendant son vól, planait stationnaire sur la malheureuse cité de Varennes, et distillait à loisir dans son sein les poisons de son haleine empestée. Comment le loyal militaire, qui s'efforce de rappeler à sa mémoire affaiblie les monstrueux excès, les horribles scènes dont il a été témoin, pourrait-il avoir le courage de les dépeindre? Comment prendrait-il sur lui de nommer la plupart des hommes qui les ont provoqués, et de fixer ainsi sur leur postérité un avilissement indélébile? Entraîné par l'exemple sublime que donne Louis XVIII, en proclamant le plus généreux oubli, M. de Valori se contraint au silence sur les noms de tant d'individus lâchement criminels, et il ne regrette que d'ignorer ceux des gens de bien qui gémissaient désespérés de manquer de puissance. Sûrement il en était beaucoup dans Varennes, de ces cœurs purs, de ces ames religieuses et nécessairement animées d'amour pour leur Roi, parce qu'elles aiment Dieu et la patrie ; mais qu'auraient pu leurs efforts contre l'immense horde effrénée qui s'accumulait d'un moment à l'autre ?

Enfin, LL. MM. furent conduites chez M. Sauce, et entrèrent dans une chambre au rez-de-chaussée. Déjà la maison était entourée de gardes. Néanmoins, pendant un temps assez long, des personnes de toutes les classes s'attribuèrent le droit d'y pénétrer fort librement, et de chercher à reconnaître si c'était effectivement le Roi qu'on y retenait. Ce fut surtout tant que dura cette impudente licence, que la Famille Royale eut à supporter le plus d'indignités de tous genres : audacieuse curiosité, propos insultants, imprécations féroces, sales jurements ; rien de ce que peut inspirer à des gens du peuple, ivres de vin et de fureur, une brutalité cruelle, ne lui fut épargné.

Mgr. le Dauphin était placé sur un lit, et dormait ; Madame Royale était couchée dans une chambre voisine, et reposait aussi ; le Roi, la Reine, Madame Élisabeth, quoique agités par la douleur et l'inquiétude, conservaient l'attitude du courage ; et leurs physionomies célestes, exprimant le noble courage qui appartient aux grandes ames atteintes par le malheur, n'opposaient que le caractère d'une indignation froide, pleine de mépris et de pitié pour l'égarement abominable de tant de Français hors de sens.

Lorsque le Roi fut définitivement reconnu par beaucoup d'individus qui disaient avoir vu S. M. à Versailles, on envoya vers Elle une seconde députation de la commune pour lui annoncer que « n'étant plus douteux aux habi-
» tants de Varennes qu'ils avaient le bonheur
» de posséder leur Roi, c'étaient ses ordres
» qu'on venait prendre. » — Le Roi répondit:
« Oui, c'est en effet votre Roi et votre père
» qui vient chercher asyle dans ses provinces.
» Les outrages que Moi et ma Famille avons
» reçus à Paris, et l'impossibilité où l'on M'y
» a mis de faire le bien de mon peuple, m'ont
» forcé d'en sortir. Vous me demandez mes
» ordres: faites, Messieurs, que mes voitures
» soient attelées au plustôt, et qu'on me mette à
» même de continuer ma route jusqu'à Mont-
» médi. » M. Sauce répondit: « Sire, je vais
» rendre compte à la commune assemblée, des
» volontés de Votre Majesté. » Il était à peu près
» minuit quand on avait mis pied à terre chez lui; il pouvait être une heure et demie du matin quand cette deuxième députation entra; et à deux heures, le même M. Sauce parut à la tête d'une députation d'honneur envoyée

pour visiter et complimenter la Famille Royale de la part de la commune. Ce fut encore lui qui harangua. La fin de son discours fut : « La » municipalité a mis en délibération les moyens » de faire continuer à Votre Majesté sa route » vers Montmédi; elle vous supplie, Sire, de » permettre que la garde nationale de notre » ville l'y escorte à titre de garde de sûreté. » Il vient d'être donné des ordres pour l'atte- » lage de vos voitures, et l'on n'attend que » de connaître la volonté qu'il vous plaira » manifester. » Le Roi répartit : « Je remer- » cie la commune de Varennes de ses bonnes » intentions, et j'accepte l'escorte qu'elle » m'offre. Ma volonté est que les chevaux » soient mis à mes voitures sans plus de re- » tard, afin que mon départ s'effectue. »

Pendant qu'on délibérait, qu'on discutait, qu'on multipliait ainsi les députations, la foule s'accroissait de ce qui accourait de toutes parts. Force cavaliers, dragons et fantassins entraient séparément dans la ville, puis se réunissaient au peuple. La municipalité était entourée, assiégée de révolutionnaires criant : « à Paris! à Paris! » Et ils faisaient prolonger les débats à dessein de gagner du temps et de la puissance. Bientôt ils acquirent celle de faire changer de détermination à la commune.

A trois heures du matin, une quatrième députation vint apprendre au Roi que : « le peu» ple s'opposant absolument à ce qu'il se remît
» en route, on avait résolu de dépêcher un
» courrier à l'assemblée constituante, pour
» obtenir d'elle des instructions auxquelles on
» se conformerait. »

Ce peu de mots étaient assez signifiants, et d'une signification horrible; car l'affluence du monde dans Varennes était dès lors énorme; les projets du crime retentissaient dans toutes les rues; les hurlements de la rage jacobine se faisaient souvent entendre par les croisées de l'appartement de LL. MM.; diverses personnes avaient même la barbarie de leur apporter les menaces des agitateurs. Ah! quel merveilleux et déchirant contraste présentaient l'inaltérable sérénité de notre infortuné monarque, et le tumulte infernal de cette affreuse nuit.

On eut bientôt lieu de trembler; car vers sept heures du matin, des détachements des garnisons du pays arrivèrent avec du canon pour s'unir à l'insurrection.

Quelques quarts-d'heure après, M. le comte Charles de Damas, colonel des dragons de Monsieur, échappé de Clermont, parvint à s'introduire chez le Roi; et à peu d'instant de là, M. Deslon, venant de Dun et ayant vaincu, à la porte de Varennes, les plus grandes difficultés, réussit à surmonter celles qu'on lui opposa avec plus d'obstination encore, pour lui permettre de voir S. M. et de lui parler. Il se présenta respectueusement devant elle et lui dit : « Informé, Sire, du malheur qui vous » accable, j'ai volé aussitôt où le devoir et » l'honneur m'appelaient. Derrière moi j'ai » assuré le pont de Dun par une partie de » mon monde ; j'amène cinquante hommes » de bonne volonté, et j'offre ma vie à votre » majesté. Ces cinquante hommes et moi » sommes prêts à prodiguer notre sang pour » la dégager. » Le Roi le remercia de son dévouement, lui demanda ce qu'il avait remarqué dans la ville, ce qu'il jugeait de l'état où elle se montrait : « Sire, répondit M. Deslon, » l'insurrection y est grande, les rassemble- » ments sont fort nombreux. C'est par M. de » Lorric, officier comme moi dans le régiment » de Lauzun, que j'ai été instruit du mouve- » ment qui éclatait. La jeunesse et l'inexpé- » rience de M. de Lorric lui ont fait quitter » son poste pour aller avertir M. le marquis » de Bouillé. » Le Roi l'interrompit : « Exposer » en ce moment la vie de cinquante braves » gens et la vôtre, monsieur, ne changerait

» vraisemblablement rien à ce qui se passe.
» Ce serait vous compromettre inutilement,
» puisque le succès est à peu près impossible.
» Voyez à tâcher de vous assurer que ma
» position soit bien connue de M. de Bouillé. »
M. de Valori était tout près du Roi et de M. Deslon pendant ce colloque ; et quoiqu'il eût lieu à voix basse, il l'entendit parfaitement. Le brave capitaine de Lauzun se retira, emportant l'affliction dans son cœur et sur son visage. Il existe encore; il a fait toutes les campagnes de Condé. Jusque-là il était inconnu à M. de Valori, lequel se plait à rendre aujourd'hui un juste témoignage à la loyauté de sa conduite et de ses sentiments.

Entre huit et neuf heures du matin, on informe le Roi qu'un groupe de militaires à cheval pénètre dans la ville, malgré les oppositions qu'on y met ; qu'il y cause un redoublement de tumulte ; qu'on se tire des coups de fusils. En même temps, de la chambre de LL. MM. on en entend plusieurs : c'étaient M. le duc de Choiseul, M. de Goglas, et quelques officiers et hussards de l'escadron de Lauzun, qui avaient quitté Pont-Somvelt pour n'y pas prolonger l'émeute occasionnée par leur présence. Les soldats insurgés et le peuple leur disputaient, l'arme au poing, l'approche de la maison qui renfermait S. M. ; et dans cette occasion une balle blessa M. de Goglas au bras. Mais malgré beaucoup d'hostilités, des pourparlers eurent lieu ; on parvint à s'entendre, et ces messieurs purent se faire conduire proche du Roi. Le comte de Valori était absent de la chambre, de sorte qu'il n'a pas connaissance de ce qui s'y est dit alors. A son retour il trouva la consternation augmentée par la nouvelle reçue à l'instant, de la défection des hussards de Lauzun, fraîchement arrivés. Ces militaires, déjà gagnés et entraînés par leurs camarades insurgés, venaient de se mêler à eux et partageaient complètement leurs excès.

Ce fut peu de temps après, vers dix heures du matin (22 juin), qu'on vit paraître les deux aides-de-camp de M. de la Fayette, dépêchés par lui, porteurs d'un décret de l'assemblée constituante, qui enjoignait à la municipalité de tel lieu que ce fût, où le roi serait joint, de prêter main-forte à l'effet de le contraindre à retourner à Paris avec sa suite ; et de l'y faire conduire nonobstant toute résistance.

D'un air arrogant et dur, ces deux messieurs entrèrent dans la chambre de S. M. Sans aucun préalable, ils lui signifièrent de se disposer à partir. L'un d'eux, tenant à la main l'ordre écrit de l'assemblée, le présente au Roi ; mais la Reine, au comble de l'indignation, et dont les traits exprimaient la juste fierté d'une fille des Césars, s'en saisit, le jeta avec dédain sur le lit de Mgr. le Dauphin, et, accablant d'un regard supérieur ces effrontés émissaires, elle leur dit : « Vous êtes bien osés ! vous êtes bien » cruels ! Quoi ! venir nous plonger le poignard » dans le cœur ! Quoi ! des sujets avoir la cou- » pable audace de prétendre commander à leur » Roi ! Où donc l'ont ils puisée, si ce n'est dans » les principes sacriléges, capables seuls de » justifier les plus hardis attentats ? » En même temps, l'air imposant du monarque malheureux déclarait ce qui se passait dans son ame; et le dédain qu'il témoignait fut toute la réponse qu'obtinrent les deux suppôts d'une autorité ennemie, lâchement usurpatrice, dont ce nouvel acte était déjà sanctionné par les cris d'une multitude déchaînée, qu'on avait pris soin d'informer de l'arrivée et de la mission de messieurs les aides-de-camp.

On se ferait difficilement une idée de l'arrogance avec laquelle ils la remplirent : la peindre est au-delà du talent de l'écrivain ; il lui serait plus aisé de faire entrevoir quelle était l'affliction de Madame Élisabeth et de la Reine. On pouvait la remarquer à travers la courageuse résignation dont, en toute occasion, ces princesses savaient s'imposer la loi ; mais cette affliction prit aussitôt le caractère de la sensibilité; manifestation touchante, destinée à adoucir l'amertume qui oppressait le cœur du Roi.

Cette fois, les voitures furent attelées au plus vite, et amenées devant la porte de la maison. On vint annoncer que les illustres victimes pouvaient y monter. Il fallut voir un père fait pour être adoré, un Roi plein d'amour pour son peuple, contraint d'obéir à ses sujets : et quels sujets, ô mon Dieu!.... Quels sentiments pervers élevaient des tempêtes dans leurs seins!..... Imitons encore, s'il se peut, la magnanime modération de Louis XVIII, afin de nous abstenir de mettre au jour toute leur difformité.

Sous les yeux même de LL. MM. on arrête M. le duc de Choiseul, M. le comte Charles de Damas, M. de Goglas, toutes les personnes qui leur avaient marqué un respectueux dévouement. Ensuite, les trois gardes-du-corps qui avaient accompagné le Roi, eurent ordre de se placer sur le siége de sa voiture ; puis, la Famille Royale, forcée de partir, se mit en marche sous l'effrayante escorte de, peut-être, quinze à vingt mille individus, livrés à tout le délire de la rébellion, armés de fusils, de faux, de piques, de fourches, de sabres, enivrés de leurs dégoûtantes orgies révolutionnaires, mis hors de sens par les liqueurs fortes qui leur avaient été prodiguése. Et, s'il leur était interdit de faire du mal au Roi ni à sa famille, il leur était du moins suffisamment recommandé de les abreuver d'outrages; aussi les prodiguèrent-ils avec la plus odieuse, la plus féroce brutalité. Les trois gardes de S. M. semblaient être particulièrement les objets de leur colère; ils les accablaient d'injures, ils les menaçaient de supplices hideux, ils leur jetaient des immondices au visage. Ce court tableau devrait suffire à faire connaître les scènes d'horreur qui eurent lieu, presque sans interruption, depuis Varennes jusqu'à Paris. Le comte de Valori aurait voulu épargner à ses lecteurs d'aussi désolants récits; mais il raconte pour l'histoire; elle a besoin d'apprendre et de pouvoir redire les moindres faits. Cependant, par pitié pour lui-même et pour ses larmes, que renouvellent de tels souvenirs, il n'appuiera sur les détails que le moins qu'il sera possible.

On arrive à Clermont sans presque avoir vu la terrible escorte se diminuer. Si beaucoup de ces hommes retournaient du côté de leurs habitations, ils étaient plus que remplacés par ceux qui accouraient de tous les villages voisins de la route.

De Clermont, on se dirigea sur Sainte-Menehould.

Les journées étaient plus ou moins orageuses, en raison de ce que les communes, qu'on faisait porter sur le chemin du Roi (quelques-unes de dix lieues de loin), étaient plus ou moins fortement électrisées, par les émissaires envoyés chez elles pour les corrompre, et les exciter aux insultes que l'assemblée constituante avait destinées aux malheureuses victimes royales.

Il fut facile, aux approches de Sainte Menehould, de remarquer l'influence de l'homme tigre qui en était habitant, et qui avait fait arrêter son souverain; comme s'il eût communiqué sa férocité à toute la banlieue; la fureur y était exaltée au plus haut degré, elle y était en plein délire. La populace de la ville, surtout, semblait ne plus connaître de frein. Son exaspération manifestait le besoin et les désirs du crime; et au sortir de cette cité, peu s'en fallut qu'elle ne les satisfît sur les trois gardes-du-corps du Roi. Les baïonnettes s'étaient portées contre leur poitrine; leurs pointes les atteignaient tellement, que les aides-de-camp de M. de La Fayette (accompagnant à cheval la carosse), furent obligés d'empêcher, d'autorité, que les meurtres ne suivissent les menaces.

Ces fidèles gardes étaient bien indifférents à leurs propres dangers; les yeux inquiets, oubliant que c'était la mort qui leur était présentée, réduits presque à demander grâce pour leurs infortunés Maîtres, ils ne s'occupaient qu'à prévenir l'accomplissement des horribles complots qu'ils entendaient se former contre eux. Ils priaient les ames compatissantes, les amis de leur prince (et il y en avait peut-être beaucoup parmi cette foule), ils les conjuraient, dis-je, de faire effort pour détourner de LL. MM. les outrages nouveaux qu'inventait une rage forcenée.

A quelque distance de Sainte-Menehould, un chevalier de St.-Louis, M. le marquis de Dampierre, suivant le flot immense qui ne désemparait jamais, s'approche de la voiture du Roi pour offrir ses hommages à son digne Maître. Cet ancien militaire était un homme d'une figure respectable, vieilli par les années, ainsi que l'annonçaient ses cheveux blancs. Il était bien monté : on le remarque, et une rumeur se fit entendre ; aussitôt, les mots d'*aristocrate*, de traître, volent de bouche en bouche.

« Il faut l'égorger », s'écrie-t-on. L'un des trois gardes-du-corps, sans cesse attentif à prévenir ce qui pouvait aggraver les inquiétudes de la Famille Royale, pria un des aides-de-camp de M. de La Fayette d'engager M. de Dampierre à s'éloigner, s'il ne voulait pas perdre la vie ; ce qui serait sans utilité pour le Roi, puisque cela ne pourrait rien changer aux rigueurs des circonstances actuelles. Effectivement, on alla lui porter ce conseil ; et soit qu'alors il s'aperçut qu'on s'exaspérait contre lui, il est certain qu'il ralentit le pas de son cheval, afin de sortir doucement de la foule, et de la laisser filer devant lui. Mais l'espèce de revue qu'il sembla passer fit qu'il offusqua les plus scélérats de l'énorme bande. L'un d'eux saute à la bride de son cheval ; quelques autres essayent violemment de le désarçonner ; il veut se débarrasser, et pique des deux pour se faire jour, on lui tire deux coups de pistolets, qui le manquent ; il s'arme d'un des siens, et le tire en fuyant. Mais se jetant, par égarement, sans doute, à travers les terres, en gagnant la tête de la colonne au lieu de rebrousser chemin le long de la chaussée jusque derrière elle ( espace qui n'était pas long à courir ), il est poursuivi comme l'est à la chasse un cerf par les chiens; quarante coups de fusils sont à fois tirés sur lui; cependant ils ne l'atteignent point; du moins le crut-on ainsi, à raison de ce qu'on ne le vit pas chanceler ni interrompre la vélocité de sa course. Des cavaliers, qui tenaient la tête de la colonne, partent au galop, et cherchent à le couper; les fantassins les secondent; tous déchargent leurs armes, à toute portée, contre sa personne; et enfin, son cheval ayant été grièvement blessé, il se laisse gagner, et le feu redoublant incessamment il tombe. Un groupe de meurtriers se forma aussitôt autour de lui, ce qui le déroba aux regards de tout le monde; mais au bout de quelques minutes, on vit paraître sa tête et ses membres inhumainement portés en triomphe au bout des piques de ses lâches assassins, et cette race de cannibales vient, en chantant les chansons de la révolution, en faire trophée à la portière du carrosse du Roi, tant elle était bien endoctrinée par les meneurs qui déjà dévoraient la France!

Ce fut avec grand'peine qu'on obtint de faire éloigner des yeux de LL. MM. ces étendards funestes, dont leurs cœurs déchirés ne pouvaient supporter l'aspect. Le cortége, du moins, les conserva pour bannières; il ne s'en dessaisit qu'à Paris.

Ah! respirons un moment. Nous approchons de Châlons-sur-Marne, et là, quelques moments de consolation vont apaiser nos douleurs. Mais avant que de nous livrer à décrire un contraste soulageant, payons à une partie considérable du peuple français le juste tribut qui lui est dû; oui, à côté de scènes effroyablement barbares, nous avions souvent sous les yeux les signes expressifs de ce qu'endurait autour de nous la sensibilité d'un nombre fort grand de vertueux citoyens. Il leur échappait même, en dépit de tous les dangers, des marques d'amour et de profond intérêt. On le voyait, leurs ames étaient brisées, mais le crime seul osait entreprendre; lui seul était puissant.

Dès l'entrée de Sa Majesté à Châlons, toute l'auguste Famille sentit qu'un doux relâche lui était enfin offert. Le Roi fut reçu dans cette ville plutôt comme un père chèrement attendu que comme un monarque captif et dans les fers. L'affliction gémissante de ses bons habitants l'assurait que la sienne était partagée: ils prodiguaient à l'envi, sur le passage de LL. MM., les témoignages d'une tendresse fidèle, rendue plus vive par l'appréciation d'un malheur sans exemple.

A l'hôtel-de-ville, les hommages respectueux qui n'avaient été que partiels et rares en d'autres endroits, furent vraiment unanimes, et notre Roi put se croire encore une fois au milieu de *ses enfants*. Tels, se plaisait-il à nommer les Français dans les heureuses années où il lui était donné de travailler à leur bonheur !...

On accourait, de chaque partie de la ville, offrir aux besoins des illustres voyageurs et à ceux des personnes de leur suite tout ce qui se pouvait imaginer ; c'était aussi à qui solliciterait l'honneur de leur être présenté ; et notre Reine, avec la persuasion enchanteresse dont elle était douée, et madame Elisabeth, avec sa douceur angélique, s'efforçaient, là, comme ailleurs, de ramener, gagner ou satisfaire tous les cœurs.

La garde nationale de Châlons vint supplier que le Roi lui accordât l'honneur de lui composer une garde à cheval ; elle demandait en conséquence, qu'il lui fût permis de se servir des chevaux de la compagnie des gardes-du-corps restés à Châlons depuis le licenciement : et Sa Majesté, sensiblement touchée du zèle religieux que lui prouvaient si bien les Châlonnais, accorda tout de suite son consentement. Le grand prévôt de la gendarmerie se distingua aussi par l'empressement extrême qu'il mit à servir les intérêts de son Souverain.

Des dames et de jeunes personnes vinrent offrir leurs larmes et des fleurs à la Reine, à ses Enfants, à l'adorable madame Elisabeth. La Famille Royale n'était arrivée à Châlons qu'à l'entrée de la nuit, et cette nuit se passa presque toute entière à lui prodiguer les démonstrations que pouvait inspirer l'ardent désir de soulager, de terminer même ses inappréciables peines. Déjà l'on avisait, on balançait si on n'entreprendrait pas de la ramener jusqu'à Montmédi; ou si on ne l'abriterait pas dans les murs de Châlons, en l'environnant de forces défensives. Mais tout dépendait des moyens qu'on pourrait réunir pour parvenir à lui constituer une véritable sûreté. En attendant qu'il y eût possibilité de former une résolution, on lui prépara et on lui servit son souper avec une sorte de pompe. La salle était grande, elle contenait beaucoup de monde; chacun tournait autour de la table sans qu'il s'établît la moindre confusion. Les mains du Roi étaient baisées avec respect; on multipliait les hommages envers la Reine et madame Elisabeth : Dieux! quelle soirée consolante! combien elle contrastait avec les scènes qui avaient signalé la journée! A Châlons, le peuple même était bon ; aussi l'auguste Famille toute entière, sans en excepter les illustres Enfants, avait un air tranquille, satisfait, reconnaissant.

Le Roi fut sur pied une partie de la nuit, parce que les allées et venues de ses serviteurs de la ville, qui croyaient n'avoir besoin pour tenter de grandes choses, que de voir leur zèle approuvé, rendaient les communications très-fréquentes chez S. M. La Reine et Madame Elisabeth veillaient de leur côté; elles encourageaient, elles conseillaient, elles éclairaient quelquefois les courtes délibérations, elles animaient l'amour. Cependant il fallut céder à la nécessité de prendre un peu de repos : on se coucha. Des trois gardes-du-corps qui servaient le jour et gardaient LL. MM. durant les nuits, ce fut au comte de Valori que le commandant de la gendarmerie vint certifier que « la garde nationale de Reims faisait annoncer sa prochaine arrivée ; qu'on l'attendait de quart d'heure à autre ; que s'il se pouvait qu'elle partageât l'esprit de la ville de Châlons, on pourrait se flatter de la possibilité d'y garder le Roi, parce qu'on se renforcerait incessamment de tout ce qu'il y avait de bons Français dans la banlieue. » Que ce projet fût sensé ou non, qu'il pût ou ne pût pas s'accomplir; il n'est pas moins vrai qu'une volonté généreuse existait : et, que souvent aussi, de petits moyens ont produit de très grands effets. Et puis, au comble du malheur, combien n'est-on pas porté à saisir la moindre lueur qui semble s'offrir à ranimer l'espérance! Mais celle-ci dura trop peu. La garde nationale de Reims arriva avant le jour : elle était composée, en majeure partie, d'ouvriers des manufactures de cette grande ville ; gens, la plupart soldés par les clubs ; peu susceptibles de discipline et d'obéissance aux officiers qui les commandaient. Aussi apportèrent-ils le désordre dans Châlons. Les prétentions entre les deux troupes civiques se choquèrent bientôt; et l'on vit le moment où elles allaient en venir aux mains (8).

Dès que l'aurore parut, des cris séditieux se firent entendre. Les cours de l'Hôtel-de-Ville se remplirent des gardes nationaux de Reims, en même temps que de beaucoup d'hommes qui s'armaient tumultueusement. Les portefaix, le bas peuple se réunissaient à eux.

Le Roi, qui était allé avec sa Famille assister à une messe qu'il avait demandée, et qui se disait dans une chambre préparée à cet effet, fut tout-à-coup assailli par un groupe de députés militaires, lesquels lui signifièrent du ton de la fureur « qu'ils estimaient que la » vie des citoyens était exposée, que celle de » S. M. serait menacée dans peu d'instants, » si elle ne prenait la prompte et irrévocable » résolution d'aller *directement* à Paris. » La cour retentissait de ces mots « à Paris ! à » Paris ! » Les fusils se tournèrent contre les croisées du Roi ; on mit en joue, et on exigea qu'il parût. S. M., sans la moindre altération, avec une magnanimité de courage dont on ne citerait que peu d'exemples, ouvre l'une des fenêtres de l'appartement, et présente sa poitrine, défiant en quelque sorte le crime d'oser s'attaquer à sa Personne sacrée. La Reine et Mgr. le dauphin se montrent à son côté. L'admirable Monarque prononça cette courte phrase : « Puisqu'on m'y force, j'irai » à Paris. » Alors une espèce de calme s'établit. Les séditieux ne s'occupèrent plus qu'à voir procéder promptement aux préparatifs du nouveau départ.

Pendant qu'on les faisait, un corps de grenadiers de la garde nationale de Paris arrivait. C'était vraiment une armée que ce qui remplissait Châlons. La Champagne, presque entière, avait marché durant toute la nuit pour s'y réunir, et l'aube du jour avait été comme l'heure du rendez-vous. Que pouvaient désormais les bons Châlonnais ? leur courage était subjugué, leur volonté enchaînée, il ne leur restait que leurs soupirs!... Le Roi fut contraint d'aller monter en voiture, et en passant dans la cour de l'Hôtel-de-Ville, un Breton, nommé de K..., qui, à ce qu'on croit, avait été député à l'assemblée constituante, dans son commencement, l'insulta grièvement. Ce forcené, enfonçant son chapeau sur sa tête, menaça le Roi du poing, employa les jurements, les imprécations, et lui dit : « qu'il était un traître, un » lâche, dont il serait fait justice ». S. M. ne daigna pas opposer le moindre mot : elle poursuivit son chemin.

Il fallut donc encore que ce noble Souverain et sa Famille chérie, désabusés de l'ombre d'espoir qui leur avait un instant souri, rentrassent sous le pouvoir d'une horde semblable à celle qui avait accompagné leurs pas de Varennes à Châlons, et qu'ils recommençassent à se voir traînés lentement au milieu d'elle, en proie à toutes les terreurs comme à toutes les humiliations ! Si ce n'étaient pas les mêmes hommes qui les escortaient, si, incessamment, chaque groupe fourni par les diverses campagnes des cantons qu'on traversait, retournait au gîte; les ordres étaient si bien donnés, qu'avant qu'il quittât la colonne en marche il y était déjà remplacé par d'autres, tout-à-fait dignes de la même mission.

Ceux de cette troisième journée ne tardèrent guère à se signaler. Un respectable curé arrive, à la tête de sa commune, au point de la route qui lui avait été marqué, et le saint ecclésiastique, ému du malheur de son Roi (car, adorant Dieu, il vénérait le prince qui était pour nous son image sur la terre), perce jusqu'auprès du carrosse de LL. MM. pour les saluer et leur offrir le tribut de sa profonde affliction. Aussitôt des satellites impies le saisissent par les cheveux, le renversent; l'un d'eux lui passe sa baïonnette à travers le cou. Le malheureux prêtre se débat, se relève, et va tomber au bord du fossé. Les douloureux gémissements de la Famille Royale avertirent seuls ses trois serviteurs placés sur le siége, de l'assassinat qui se faisait sous ses yeux : la marche de la voiture avait dérobé ce meurtre à leurs regards.

Entre Epernay et Dormans, le cortége fut joint par trois députés de l'assemblée constituante. C'étaient les sieurs Pétion, Barnave et Latour-Maubourg, envoyés par elle pour mieux s'assurer la possession de LL. MM., et prévenir tous secours qui pourraient être tentés en faveur de leur délivrance.

Si M. Barnave fut poli, et si même il devint sensible ; si M. de Latour Maubourg fut modéré et décent, en revanche le farouche Pétion, manifestant toute l'insolence d'un cinique jacobin, insulta le Roi, la Reine et sa Famille ; et poussa l'audace jusqu'à exiger que Madame Elisabeth quittât sa place, dans le fond du carrosse, pour la lui laisser occuper. Il s'assit donc à côté de son Maître, et s'en attribua la licence jusqu'à Paris. M. Barnave, plus modeste, s'assit sur le devant. La Reine conversa beaucoup avec lui. M. de Latour-Maubourg qui, dans cette cruelle circonstance, aimait sans doute plutôt à se dérober qu'à paraître, monta dans le cabriolet qu'occupaient les deux femmes de la suite des Enfants de France.

Ce fut entre Dormans et Château-Thierri que les trois gardes-du-corps du Roi, toujours personnellement en butte aux fureurs d'une multitude égarée, faillirent atteindre le terme de leurs douleurs. Au milieu des torrents d'injures qui étaient vomis contre eux, survint spontanément une résolution de les garrotter aux roues de devant du carrosse, et de les mettre à mort. Par ce supplice d'un genre nouveau il se fait une grande rumeur ; on veut se hâter de procéder à l'exécution; quelques honnêtes gens, mêlés dans l'escorte aux bandits révolutionnaires, s'indignent et s'opposent à ce qu'on accomplisse un si exécrable dessein ; mais ceux qui l'ont conçu font arrêter la voiture : ils allaient effectuer cette atrocité si M. Barnave, se penchant en dehors de la portière pour reconnaître ce qui se passait, ne fût descendu promptement, et n'eût employé toute l'autorité de son caractère et de son crédit pour forcer ces monstres à se désister de leur affreux projet. M. Barnave était alors l'une des idoles que le peuple adorait, et il est peut être à regretter que d'autres représentants de ce même peuple aient tranché ses jours ; car on a lieu de croire que ses talents remarquables et les lumières qui ont achevé de lui dessiller les yeux, l'auraient rendu l'un des plus intéressants appuis de la cause du trône et de la monarchie. Il était jeune quand il en embrassa une autre : par conséquent on doit peu s'étonner que le feu des discours déclamés à la tribune lui ait porté à la tête, et qu'aucune sorte d'ivresse philantropique ait dominé ses pensées.

Depuis Châlons on avait fait distribuer, le long du grand chemin, par stations, la gendarmerie et les grenadiers de la garde nationale de Paris ; les cavaliers et les fantassins de cette dernière troupe étaient enseignés à insulter le Roi avec raffinement. Leurs officiers faisaient mettre le sabre à la main à la cavalerie et ils commandaient à l'infanterie de porter les armes dès que la tête de la colonne se trouvait à leur hauteur ; mais ils ordonnaient qu'on remît les sabres aux fourreaux, et que les armes se posassent à l'approche du carrosse de LL. MM.

Après avoir traversé Château-Thierry, la Ferté-sous-Jouarre, on s'arrêta à Meaux. Le Roi y descendit au palais Episcopal, où il devait souper et coucher. Beaucoup de particuliers de cette ville cherchèrent à faire parvenir jusqu'à lui des témoignages de respect et d'amour; mais la masse des habitants était peu disposée à les imiter.

Quand LL. MM. eurent soupé, le sieur Pétion eut un entretien avec elles; et dès qu'il se fut retiré, le Roi fit approcher de sa personne ses trois gardes. La Reine était présente. Il leur tint ce discours touchant : « Témoins » et compagnons de notre infortune, vous en » partagez encore la douleur. Vous avez par» tagé de même les opprobres qui nous ont été » versés à pleines mains jusqu'ici, et vous

» avez déjà couru des dangers effroyables.....
» Aussi votre dévouement ne nous est-il que
» trop prouvé! Il serait bien affreux pour moi,
» au lieu de le récompenser et de vous don-
» ner des marques de ma gratitude, de vous
» voir plus que jamais exposés à une mort
» cruelle, dont je ne serais peut-être plus assez
» puissant pour vous garantir. A Dormans,
» M. Pétion m'a proposé de vous engager à
» vous évader à la faveur d'un déguisement,
» sous l'habit de garde national. Alors, la
» Reine et moi nous y sommes refusés, parce
» que nous crûmes pénétrer que l'intention
» secrète était, ou de vous faire assassiner
» derrière nous, ou de vous faire arrêter
» quelque part pour vous livrer ensuite, dans
» le fond d'une province, à quelque commis-
» sion militaire qui vous condamnerait à être
» fusillés, sans vous laisser lieu à aucun re-
» cours; et nous ne vous avons rien dit de
» cette proposition. Mais M. Pétion vient de
» nous la renouveler en y joignant l'annonce
» barbare, qu'à Paris votre sang était dévolu
» au peuple; qu'il n'y avait plus pour vous
» aucune sorte de sûreté; que personne ne
» pourrait répondre de vous sauver; et que
» puisqu'il nous serait sans doute horrible de
» voir tuer sous nos yeux des serviteurs que

» nous paraissions aimer, il pensait devoir nous » dire qu'il n'y avait plus un moment à perdre » pour songer à tenter votre évasion. Peut-être » qu'en nous renouvelant l'offre d'y contri- » buer, il est de meilleure foi que nous ne » l'avons supposé........ Vous êtes les maîtres » d'en profiter. » En cessant de parler, S. M. prit et serra successivement ses trois gardes dans ses bras. Une seule réponse était digne d'eux, et elle fut faite. Tombés aux genoux du Roi, la main sur leurs cœurs brûlants d'amour, « Sire, dirent-ils, nos jours ont été » consacrés à Vos Majestés, et elles ont dai- » gné en accepter l'hommage : nous saurons » mourir pour elles ; ce qui nous est mille » fois plus facile que de nous en séparer ! N'en » doutez pas, Sire, de quelque côté que ce » soit, la mort nous attend. Notre choix ne » saurait être douteux : veuillez permettre à » vos fidèles gardes de ne pas cesser de vous » accompagner ; accordez-leur de repartir » demain avec vous ; que nos larmes nous » obtiennent cette dernière grâce ! » Celles de LL. MM. coulaient aussi : le Roi releva ces trois Messieurs avec une bonté tendre, et ne put leur refuser son acquiescement.

Au même instant la Reine les emmena dans sa chambre qui joignait celle de son Époux ;

et là, s'appuyant à la cheminée, elle sortit de sa poche des tablettes pour y écrire leurs noms de baptême, ceux de leurs pères, mères, sœurs et frères; ceux aussi de quelques-uns de leurs parents ou amis particuliers qu'ils osèrent recommander aux bontés de S. M., qui eut celle de demander et d'inscrire jusqu'à leurs adresses. Ensuite, les yeux humides de pleurs, elle leur dit: « Si nous avions le mal-» heur de vous perdre et que nous ne succom-» bassions pas nous-mêmes sous les coups de » nos ennemis, soyez certains que nos bien-» faits iraient chercher vos familles. Ce *serait* » *Moi* qui leur apprendrais leur infortune; » et en même temps je leur ferais connaître » les sentiments qui ne peuvent plus sortir » de nos cœurs. » L'auguste Princesse permit à ses trois fidèles serviteurs trop émus, trop payés par la sensibilité qu'elle leur laissait voir, d'oser lui baiser la main; puis ils se retirèrent pour aller se poster aux portes de LL. MM., qui essayèrent enfin de prendre un peu de repos.

Le lendemain matin il fallut encore se remettre en chemin. Le jour menaçant était arrivé..... Pendant que dura la route il ne ressembla qu'aux précédents: mêmes outrages; pareilles injures prodiguées par une foule armée, qui pourtant varia un peu ses insultes, car elle joignit aux étendards sanglants que lui composaient la tête et les membres de M. le marquis de Dampierre, des affiches menaçantes attachées de même à des piques, et elle les promenait aux portières du carrosse royal, en poussant des hurlements tels qu'on n'en entend peut-être pas dans les forêts les plus sauvages. Deux grenadiers, la baïonnette au bout du fusil, furent placés aux côtés de l'avant-train de la voiture, un peu plus bas que le siége, au moyen d'une planche attachée par dessous celui-ci. Et cette mesure, donnant aux trois gardes-du-corps l'apparence de criminels gardés à vue, a peut-être causé la persuasion où l'on a été qu'ils étaient garrottés sur leur siége. C'était une erreur ; ils n'ont point été liés une minute. Mais n'avaient-ils pas, d'ailleurs, assez à endurer ? Déjà la veille la chaleur avait été extrême, et tout raffraîchissement fut refusé à leur besoin. Le soleil de cette dernière journée était plus brûlant, plus insupportable encore ; et la poussière qu'élevait autour d'eux l'armée immense qui escortait la voiture, achevait de rendre l'air non respirable ; les malheureux gardes mouraient de soif, ils sollicitaient le bienfait d'un verre d'eau, ils priaient pour l'obtenir : c'était en vain ! Leur souffrance, quoiqu'elle excitât la compassion de beaucoup de personnes, ne pouvait faire surmonter la timidité qu'imposaient les hommes féroces dont ils étaient avoisinés. Aux approches de la capitale, à laquelle leurs vies avaient été promises, ils s'entendaient assurer hautement qu'ils seraient déchirés en lambeaux ; les tigres qui devaient se repaître de leur chair, les dévoraient des yeux ; ils rugissaient d'impatience et de colère ; vingt fois leurs baïonnettes se portèrent contre eux et les atteignirent, malgré les deux grenadiers dont l'humanité prenait soin de les écarter.

Hâtons-nous ; tâchons d'abréger. Pourquoi l'écrivain de ce précis ne se ferait-il pas quelque grâce à lui-même en s'épargnant de reproduire les tableaux de scènes dont l'horreur, pour la plupart, défie les princeaux les plus énergiques ? Redira-t-il que la mort, sous toutes les formes hideuses et non encore imaginées peut-être, ne cessa d'être présentée à ses camarades et à lui, durant ces cinq journées dévolues au crime ? Redira-t-il que tous trois devenus inaccessibles à la terreur à force d'être navrés, ne voyaient dans la perte de la vie que le plus minoe des sacrifices ? On le sait, on n'en doute pas, la terrible situation de la

Famille Royale exerçait uniquement leur sensibilité. Dès les barrières de Paris, les rues, les fenêtres, les toits mêmes étaient garnis de spectateurs empressés de jouir de son humiliation : et qui pourrait exprimer ce qu'elle endurait?....

Entrons donc dans cette ville immense. Mais, ne sait-on pas ce qui s'y est passé? Les journaux n'en ont-ils pas avec jactance multiplié des relations aussi insolentes que cruelles? C'est aux Tuileries que le comte de Valori veut se presser d'arriver, laissant derrière lui nombre de faits qu'il n'a plus le courage de retracer. La voiture du Roi s'arrêta enfin devant le péristyle du château. Le jardin était rempli de monde : et aussitôt les assassins se précipitèrent pour atteindre leur proie et s'en emparer. On voulut obliger S. M. à descendre du carrosse, afin de lui épargner le spectacle des meurtres qui allaient avoir lieu. Mais ni le Roi ni sa malheureuse et sublime Famille, malgré les dangers qu'eux-mêmes couraient, ne consentirent à bouger, espérant par leur présence sauver leurs infortunés serviteurs. Les deux grenadiers qui escortaient le siége les garantirent une minute : ils mirent pied à terre; et l'empressement de la multitude féroce était si grand, qu'elle forma de suite un faisceau de baïonnettes dirigé contre la poitrine des condamnés. Toutefois, il lui fut encore impossible de les immoler en cet instant, parce que leur position sur le siége de la voiture les élevait trop : aussi les meurtriers, redoublant de rage, faisaient-ils tous leurs efforts pour l'escalader. Cette lutte horrible allait mettre la Famille Royale en péril ; les trois victimes, par une inspiration spontanée, se dévouèrent à la faire cesser en se livrant elles-mêmes. Mme. Elisabeth, qui vit leur mouvement, passa son bras par l'ouverture d'une des glaces du devant du carrosse, et saisit le pan de la veste du fidèle François pour l'empêcher de se jeter à bas : mais ses camarades et lui, ne jugeant que trop bien qu'ils allaient peut-être attirer la fureur des cannibales sur leurs vertueux Maîtres, s'élancent vers les hommes féroces qui les veulent égorger : ils sont saisis par eux, pris aux cheveux, terrassés, traînés, assaillis de coups. Ils allaient être mis en pièces si quelques partisans du Roi, mêlés à travers la cohue, et aussi quelques gardes nationaux dont le courageux dévouement secondait d'aussi bonnes intentions, n'eussent entrepris de les arracher des mains de ces bourreaux. Croisant leurs armes au-dessus des trois gardes abattus, les faisant en-même temps aider à se relever pour qu'ils pussent employer leurs forces à seconder les leurs et à se dégager, ils parvinrent, non sans grandes peines, à se rendre leurs libérateurs, et à les conduire, sous bonne escorte, dans l'intérieur du château.

Seulement alors le Roi et sa Famille sortirent de leur voiture, protégés par une double haie de gardes nationaux qui avait été disposée sur le péristyle. En traversant, pour se rendre aux appartements, la salle où étaient les trois fidèles serviteurs, déjà détenus et gardés à vue, LL. MM., M^me^. Elisabeth, même Madame et M^gr^. le Dauphin, leur adressèrent des signes d'attendrissement et de bonté en témoignage de la joie qu'ils avaient de les apercevoir encore vivants, tout maltraités qu'ils étaient. Quels Maîtres! et qu'ils méritaient bien qu'on sût mourir pour eux! A peine furent-ils rentrés dans leur douloureuse habitation, qu'ils leur envoyèrent des secours de toute espèce. Le plus pressant besoin de tous trois était celui de boire. La soif les dévorait depuis tant d'heures : on y pourvoit. Les chirurgiens du Roi furent mandés, et ils reçurent ordre de les visiter sur-le-champ, ainsi que d'appliquer des appareils à leurs blessures.

M. le chevalier de Malden avait reçu plusieurs coups de baïonnettes; M. de Moutier avait été atteint, sur le col, du tranchant d'une hache; mais la plaie n'était pas très profonde, parce qu'un canon de fusil, contre lequel la lance avait porté et s'était brisée en partie, avait amorti le coup. M. de Valori, terrassé à coups de crosse de fusil dans les reins, puis traîné par les cheveux, était violemment meurtri; sa tête avait des contusions, et la peau en était déchirée en deux endroits. Ces messieurs furent pansés avec une attention extrême; il fut mis à les soigner toute la célérité possible. Pendant le reste de la journée, de fréquents messages leur furent adressés de la part de la Famille Royale, afin de s'informer de leur état. Elle leur faisait enjoindre en même temps de ne rien lui laisser ignorer de ce qui les regardait, ni de ce qu'ils pouvaient désirer. La Reine poussa la bonté jusqu'à faire écrire le jour suivant à la mère du comte de Valori, afin de prévenir les nouvelles mensongères qui pourraient arriver jusqu'à elle; lui donner aussi quelque espoir que son fils lui serait conservé, et lui faire connaître le désir de lui témoigner un jour une protection particulière. Quels autres, que nos Souverains légitimes, quels princes, sinon les précieux rejetons de la race antique et chérie de S.-Louis, sauraient multiplier envers de simples sujets tant de preuves de sollicitude et d'affection ? Combien le comte de Valori s'estime heureux, aujourd'hui qu'il a le bonheur de marcher encore, avec tous les soldats français, sous l'étendard des Bourbons, de n'avoir jamais pu former de vœux que pour voir reparaître leurs bannières !

Le lendemain, dès que le jour fut commencé, la force armée vint l'enlever, ses deux camarades et lui. Jetés ensemble dans une voiture de place ; escortés aussitôt de canons, de cavalerie, d'infanterie ; la garde nationale bordant les rues par où ils devaient passer ; ils furent menés dans la prison sinistre de l'Abbaye. On les y sépara ; on les mit au secret. Sans doute devaient-ils au moins trouver une espèce de sûreté sous les triples verroux qu'ils avaient entendus se fermer sur eux : mais non ; il s'en fallut peu que ces verroux ne fussent forcés. Les cannibales de la veille, dès qu'ils les surent à l'Abbaye, se portèrent avec leur furie accoutumée contre cette bastille nouvelle, pour en enfoncer les portes et y massacrer les victimes dont on les avait privés le jour d'avant. Feignant de craindre qu'elles pussent s'évader, ils demandaient à grands cris qu'elles fussent mises entre leurs mains. Pour satisfaire cette populace, autant que pour préserver les prisonniers, des canons furent amenés et mis à l'instant en batterie. On braqua les uns contre les fenêtres et contre les issues des lieux où on les avait renfermés, et les autres, contre les avenues extérieures du bâtiment. Toute cette artillerie, comme on peut le penser, était chargée à mitraille : une telle mesure interrompit pour un temps les tentatives populaires; mais on les vit se renouveler, peut-être plus dangereusement encore, dans une autre circonstance.

Presque aussitôt, on s'occupa de faire aux détenus leur procès. Comme l'assemblée constituante les avait en sa puissance, elle voulut paraître y employer des formes légales : et en conséquence, un tribunal fut institué pour les juger. Elle choisit des commissaires qu'elle investit de la mission de les interroger toujours séparément. L'impossibilité où on les avait mis de communiquer entr'eux, se maintenait avec un soin rigoureux. Les interrogatoires furent très multipliés, très fréquents; souvent fort longs. Le comte de Valori a eu à soutenir plusieurs séances, dont la durée fut celle de la journée, et où les questions les plus insidieuses étaient compliquées, accumulées avec un art éminemment perfide.

Comme la loyauté et la véracité simple et ferme, haute et noble des trois prétendus criminels déconcertaient, fatiguaient par trop MM. les commissaires, et poussaient à bout la patience de quelques membres de l'assemblée constituante, qui brûlaient de voir leur supplice, il fut fait à la séance de cette assemblée, le 14 juillet, par M. Ratier, l'un de ses députés, la motion de cesser toute procédure et de les condamner à la mort sans plus de formalités. Le grand nombre ne l'accueillit pas : elle tomba ; mais peu de temps après, des agitateurs puissants, furieux de ce que nul aveu des détenus ne fournissait le moyen de mettre en péril quelques amis du Monarque ; et de ce qu'aucune preuve, aucun motif suffisant ne pouvaient servir de base à une condamnation légale ; désespérant de l'obtenir des juges, firent éclater contre les trois prisonniers une insurrection nouvelle. Une populace, ivre de vin et de sang, fut dirigée jusqu'à leur prison ; et ils durent encore à la garde nationale d'être préservés de sa férocité.

Sans doute on aperçut que les dangers qu'on leur faisait courir affectaient assez l'intérêt que leur portait le Roi, pour que Sa Majesté se sentît pressée du besoin de les voir mis en liberté ; et on en augura qu'elle se déciderait d'autant plus vite à accepter la constitution qu'on la forçait de sanctionner, si on s'engageait à faire tomber leurs fers au moment de la signature. En conséquence, l'assemblée constituante fit faire à Louis XVI la promesse formelle de garantir la vie de ses gardes jusqu'au jour qu'il désignerait avoir choisi pour signer, pourvu que ce jour fût positivement pris : et elle y joignit celle de les faire sortir de prison à cette époque, ainsi que tous les autres serviteurs de S. M. détenus en divers endroits. On a lieu de croire qu'en effet le Roi hâta, par des motifs de bienveillance, une détermination qui lui était devenue inévitable. Lui-même était prisonnier ; l'enceinte de son palais était comme murée de baïonnettes ; on avait porté l'indignité jusqu'à lui interdire toutes fonctions royales : cet état de chose ne pouvait subsister ; et Sa Majesté se résignant à le faire cesser, établit pour l'une des conditions de sa condescendance, la certitude de la mise en liberté de ses serviteurs. La constitution fut acceptée le 13 septembre 1791, et les trois gardes furent élargis le 14 du même mois.

Le Roi leur fit dire qu'il désirait les voir aussitôt qu'ils seraient libres, mais chacun séparément. Le comte de Valori qu'on avait averti de disparaître promptement, et qui comptait, en conséquence, partir dans la nuit suivante pour se réfugier en pays étranger, se rendit au château à deux heures après midi. Vêtu d'un habit bourgeois, en costume peu propre à se faire reconnaître, il traversa la salle de la garde nationale, puis celle des grands officiers qui était aussi remplie de militaires. A la porte de celle du trône, il gratta à la serrure et frappa deux petits coups ; c'était le signal convenu. L'huissier de la chambre ouvrit, car il avait le mot. Le comte de Valori trouva l'auguste Famille réunie ; elle daigna s'avancer à sa rencontre ; il se précipite aux pieds de LL. MM., et ses yeux se baignent de pleurs. L'ame vivement émue, le cœur oppressé, il ne peut s'exprimer ; il ne peut prononcer aucune parole ; mais il recueille ce qu'il y a de plus précieux au monde pour un vrai Français, des preuves non équivoques de la reconnaissance de ses vertueux Maîtres, et l'assurance du sentiment que ses services lui avaient obtenu d'eux. Ils daignèrent laisser couler aussi quelques larmes sur leur fidèle François, dont la tendresse douloureuse les touchait. Ce ne fut pas lui qui dit au Roi, comme le sensible du Rosoi l'a écrit dans son journal du 15 au 16 septembre 1791 : « Sire, voilà quelqu'un » ; ce fut Mme. la princesse Elisabeth qui, pendant qu'il était aux genoux de LL. MM., voyant l'huissier à la porte, les yeux fixés sur cette scène, au moment où le Roi relevait le comte de Valori, avec une bonté divine, s'écria : « Mon » frère, on nous regarde, et l'on nous entend ! » ayons le plaisir d'être seuls avec lui » ? L'huissier, resté jusque-là en-dedans de la salle, reçut la prière, ou l'ordre de se retirer, le Roi lui dit : « Laissez-nous un instant ».

Raconter tout ce qui a pénétré l'âme du comte de Valori, pendant l'entretien qu'il eut avec ses maîtres adorés, entretien, hélas ! qu'il ne sentait que trop pouvoir être le dernier !.... Ce serait une entreprise impossible à exécuter ; même dans le moment où il se sépara de l'auguste Famille, il y aurait échoué : trop d'émotion, trop d'impressions diverses, subjuguaient ses facultés. Tandis que ses Maîtres lui parlaient, l'interrogeaient, lui répondaient, il les contemplait. Navré de douleur, il se disait en lui-même : « C'est en vain que » pour tromper la France entière, on pro-

» clame aujourd'hui la liberté, la préten-
» due puissance de son Monarque. Il est
» toujours dans les fers ! et moi, je suis dé-
» livré!..... » Il était au désespoir de s'en éloigner ; il ne voulait plus s'y résoudre ; il osait le dire. Le Roi l'interrompit : « On projette de
» se ressaisir de vous. Tant que vous seriez à
» Paris, même seulement en France, ces gens,
» qu'aucune loyauté ne peut persuader, sup-
» poseraient que vous correspondez avec Nous,
» de sorte qu'il nous faudrait toujours trem-
» bler pour votre vie. Nous sommes bien à
» plaindre ! mais nous le deviendrions encore
» davantage ». C'était assez intimer au malheureux François l'ordre de partir. La Reine lui indiqua encore plus clairement ce qu'elle désirait qu'il fît, en le chargeant de commissions pour M$^{me}$. la princesse de Lamballe, qui était à Bruxelles. Dans le reste de cette séance, il n'eut que trop lieu d'apercevoir que déjà le Roi et la Reine avaient des pressentiments du funeste sort qui leur était réservé..... Il s'arracha de leur présence, emportant dans son sein et le bonheur qu'il venait de goûter, et les déchirantes inquiétudes qui le poignardaient. Les adieux de ses dignes Maîtres y retentissent encore : jusqu'au dernier de ses jours il croira les entendre !

Ses préparatifs de départ ne furent pas longs; durant la nuit du 15 au 16 septembre, il se mit en route pour émigrer.

Le Roi donna des ordres à M. le baron de Breteuil, son ministre chez ses alliés, pour que MM. de Malden, de Moutier et de Valori n'y manquassent point des ressources qui leur seraient nécessaires. Ce dernier regrette fort que M. de Moutier, qu'a accueilli S. M. l'Empereur de Russie, et qui a reçu de lui, pour preuve d'estime, la faveur d'être nommé officier-général à son service, ne soit pas à même de communiquer aussi la connaissance de tous les rapports qu'il a eus avec S. M. Louis XVI, durant le même épisode dont M. de Valori termine ici le précis historique. Tout est précieux à mettre en lumière; tout est important à recueillir pour l'historien qui veut être exact et fidèle, ainsi que pour les bons Français qui vénèrent, qui chérissent et qui rendront à jamais un culte religieux à la mémoire du plus infortuné comme du plus vertueux de leurs Souverains. Il serait à desirer, par la même raison, que M. de Malden retrouvât, classées dans sa mémoire, nombre de particularités qu'il peut seul faire connaître, parce qu'elles n'ont eu que lui pour témoin ou pour agent. Au surplus, les journaux de cette époque si mémorable et si désastreuse, offrent des suppléments nombreux aux omissions de M. de Valori. Et son but est rempli s'il a suffisamment éclairci le sujet en faveur de ceux de nos écrivains qui consacrent leurs loisirs à transmettre à la postérité le détail des événements dont ils sont contemporains.

Le Comte de Valori,

*Maréchal-de-camp, officier supérieur des gardes-du-corps du Roi.*

Paris, le 1er. mars 1815.

# NOTES.

(1) Le comte de Valori, sous-aide-major des gardes-du-corps du Roi de la compagnie Wagram, chargé de l'organisation de cette compagnie, ne peut encore qu'à peine s'occuper d'autre chose que de ce qui la concerne. Durant les onze semaines pendant lesquelles il a été emprisonné à l'Abbaye en 1791, après le retour de Varennes, il avait employé ses tristes heures à écrire la relation de ce voyage; et son manuscrit, laissé en dépôt chez un ami malheureux qui a péri dans les troubles qui ont suivi, n'a pu être retrouvé. Il en éprouve beaucoup de regret, attendu que sa mémoire alors lui avait amplement fourni jusqu'aux moindres détails propres à éclairer sur tous les faits, et à les reproduire avec l'intérêt qui leur appartient; tandis qu'aujourd'hui ce n'est qu'avec effort qu'il parvient à se les rappeler et à les lier les uns aux autres successivement, presque d'une manière sèche, qui ne peut avoir d'autre prix que celui que lui donne une entière véracité.

(2) Ces messieurs avaient été de service au château de Versailles dans les appartements, et les avaient défendus au 5 octobre 1789.

(3) M. de Valori croit aujourd'hui pouvoir se permettre de jouir de l'honneur attaché pour lui aux intentions de son Maître adoré, de cesser de garder le silence sur les particularités qui, à si juste titre, lui sont les plus chères. Cadet d'une famille de six enfants, faute de fortune il n'avait pu se tenir sur les rangs

pour parvenir, comme tant d'autres, où sa naissance l'appelait; de sorte qu'au licenciement il n'était encore que garde-du-corps, avec commission de capitaine. Aussi éprouva-t-il souvent le désagrément de voir ses parents, du même nom, être présentés à la Cour, et avoir l'honneur de monter dans les carrosses du Roi, ainsi que celui d'obtenir de belles places militaires très enviées, tandis qu'il était réduit à se trouver en sentinelle sur leur passage....... Son père avait eu le commandement du pays Toulois, et la lieutenance du Roi de la ville de Toul. Ses oncle et grand-oncle, l'un ambassadeur à Berlin, lieutenant-général des armées de S. M., commandeur, grand-croix de l'ordre de St.-Louis; l'autre, père de celui-ci, aussi lieutenant-général des armées et commandeur grand-croix du même ordre; le frère de ce dernier, aussi lieutenant-général des armées du Roi, et tué à la défense de Lille; la plupart de ses ancêtres, honorés de places à la Cour de nos Rois, décorés de leur ordre, distingués dans l'état militaire par les grades que leur avaient valu leurs actions; tout cela semblait lui avoir donné des droits pour parvenir à quelque emploi. Hélas! dans la circonstance dont il trace l'historique, trois heures de bonheur de plus accordées par le ciel, et son souverain était sauvé!.... N'eût-il alors obtenu pour sa part que le bien suprême de le servir encore, il se fût estimé l'un des plus heureux entre tous les humains.

(4) Les détails dont il s'agit ont été fournis à M. de Valori par l'un de ses amis, lequel s'est rendu témoin attentif de ce qui s'est alors passé au château, et qui a aussi suivi M. de La Fayette à peu près partout dans le cours de cette journée. Cet ami était d'ailleurs en relations intimes avec plusieurs officiers de ce général, et fréquentait beaucoup son hôtel.

(5) *François* était le nom de route adopté pour M. de Valori.

(6) A toutes les postes M. de Valori paya les guides un écu : une plus grande générosité aurait pu faire naître des soupçons.

(7) On peut aisément apprécier la célérité de la marche du Roi, si l'on considère que, parti de Paris le 21 juin à minuit, on était à Châlons à deux heures de l'après-midi, à Ste.-Menehould entre six et sept heures du soir, à Clermont vers neuf heures, et à Varennes environ à onze heures de la même journée.

(8) Tandis que la garde nationale de Reims s'abandonnait à ces excès, les bons citoyens, dont cette grande ville est remplie, s'alarmaient et s'affligeaient sur le sort de la Famille Royale, et ils redoutaient d'apprendre la conduite que tenait le détachement parti de son sein.

(9) Ces deux grenadiers étaient humains; ils désiraient pouvoir garantir ces messieurs, et ils demandaient grâce pour eux; mais ils ne pouvaient parvenir à se faire entendre.

www.ingramcontent.com/pod-product-compliance
Ingram Content Group UK Ltd.
Pitfield, Milton Keynes, MK11 3LW, UK
UKHW031928260826
14628UKWH00003B/1479

9 782013 666718